ERIC KUSTER
METROPOLITAN LUXURY II

ERIC KUSTER

METROPOLITAN LUXURY II

TERRA

TABLE OF
CONTENTS

INTRODUCTION

Given Eric Kuster's ability to tap into the mood of the moment, few will be surprised to learn that he began his career in fashion. Similarly, his love of texture – and particularly of contrasting materials – is wholly understandable given his foray into the world of textile design: he was once creative and commercial director of a Dutch textile company. Fuse these two skills together and you've got the ideal foundation on which to build a world-wide reputation for interior design. Put simply, Kuster is a genius at coming up with that elusive 'wow' factor within both domestic and commercial spaces. This gift has been recognised in counties from Dubai to Russia, Spain to Egypt and in projects as diverse as Amsterdam's exclusive Jimmy Woo club, to the Barcelona Football Club Stadium, the 'Camp Nou', as well as in cosmopolitan homes throughout the globe.

Metropolitan lifestyle encapsulates the excitement and jet-set style of 21st-century life. It recognises, too, that in our fast-paced world, true luxury isn't about wealth and decadence, it's about surrounding yourself with beautiful objects that give both pleasure and comfort. It's an ethos that's embodied in the world-class hotels – where service and style go hand in hand – that have so inspired Eric Kuster's design career.

Exemplifying his approach is his villa-cum-showroom-cum-studio, just outside Amsterdam, where clients can meet him to see his style in situ, and to find out more about his approach. Similar showcases exist in Dubai, Curacao and Moscow, with a mono brand store selling his bespoke furniture and accessories on the Spanish island of Ibiza and in Antwerp, Belgium. Above all, though, what's key to the success of the Eric Kuster brand is the attitude of the man himself. Energetic, ambitious and with a heightened sense of glamour, he is as much a person of substance as of style, "I'd never promise the client anything I can't deliver," he says, "and for me, it's about the detail, about knowing that, once we've completed a project, the client can move, with no hassles whatsoever, back into a unique space that reflects their tastes and lifestyle, and that they truly love. I'm especially fortunate that I seem to attract clients with whom I feel a real connection. Consequently, it's easier for me to come up with designs that are bona fide reflections of their personalities. And, like me, my clients are people who want to push boundaries – which means that, for me, the creative process is always an exciting, invigorating and wholly satisfying one."

THE NETHERLANDS
PRIVATE RESIDENCE

What's intriguing about this house, a modern family villa, is that about a third of its space is to be found below ground level, and – from the outside – it has little in the way of 'wow' factor. As such, the extent of the surprise waiting within its walls is all the more striking. The basement spa area features pool, sauna, jacuzzi and hammam plus light- and fragrance-therapy areas, all designed with Kuster's feel for understated glamour. Upstairs, the cinema plays with 3D-effects through its use of padded velvets and satins on the wall and the quietly opulent golden velvet sofas. Elsewhere, the owner's passion for the east is conveyed through the muted colours, simple graphic shapes and air of serenity that the house conveys. "Our brief was to make every space, every detail, in this house count – from the doors, many of which we covered with croc-effect leather, to the fabulous smoked-glass balustrade of the staircase, which dominates the house. Outside, too, comfort is at a premium: a terrace area boasts inbuilt heating, allowing the owners to enjoy the view over their garden throughout the year, even given the vagaries of the Dutch climate.

"This client is the sort I find so inspiring to work with," says Eric Kuster of the house's owner. "He pushes you all the time to move beyond your comfort zone, inspiring you to approach challenges in wholly new ways. His energy pushed our team on to even greater heights, and we were all thrilled with the end result."

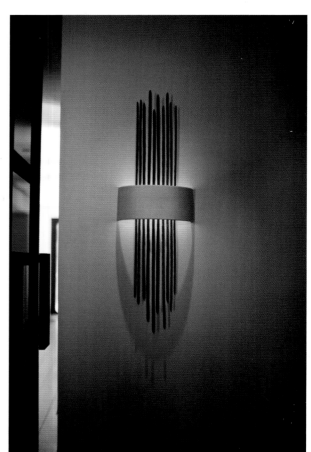

SPAIN
PRIVATE RESIDENCE

This house in Marbella, Spain, was built by a client who shares Eric Kuster's aesthetic values, making the project a particular pleasure to work on. "I loved the house from the moment I saw it," he says, "every part of it makes a statement, from the high ceilings and vast open spaces to the quality of the workmanship that's gone into its creation – all the values that are so important to me in my own work." Introducing a sense of scale and structure was of paramount importance: "You have to get scale just right if you want a home to feel impressive but intimate – fail to do so, and a space will look cold. Similarly, by carefully structuring the room layouts and the way in which spaces flow one into another you can make a large house that might have seemed overly rambling appear as a unified whole."

Specially-designed pieces to complement the space include a coffee table the size of a double bed, oversized chandeliers, a huge smoked-glass fireplace and the owners' collection of stone Buddhas. What's clear is that Kuster stuck firmly to his client's brief to use the best of everything, with the result a home that conveys a sense of five-star hotel-like luxury. Meanwhile, by using the same pieces but in complementary neutral shades of browns and greys – furniture in the bedrooms and downstairs, on rugs, for example – a sense of coherence was conveyed.

Given that much of Spanish life is lived outdoors, the garden was a key component of the project. Its pool and terrace, furnished with specially designed pieces, succeed in bringing the indoors out and the outdoors in.

CURAÇAO
PRIVATE RESIDENCE

This project was a labour of love for its young owners, who'd long been fans of Eric's style. Having moved from Holland, they gleaned architectural details from their visits to various countries around the world, carefully took photos of the details they loved, then incorporated them into the home that they built for themselves. Having Eric furnish their new home, designed by architect Michael Durgaram, for them turned out to be the icing on the cake. "I was keen to work on this project, not only because the owners were so enthusiastic, but because this is another very cleverly designed house. Internal shutters create a flexibility of space, louvred walls allow light to filter in, and the place is very clearly a 'natural home'.

Gaps in the roof have been specifically left to allow rain to fall on various flowerbeds, and an infinity pool stretches from outside the house to within its walls. I particularly like spaces where indoors and outdoors merge," says Eric. His choice of furnishings and accessories helps to emphasise the open nature of the space – he even went as far as to help the couple select the pebbles that function as a natural 'rug' within the kitchen-diner area. Keeping the interior style deliberately understated means that it's the architecture of the house and the spectacular views towards Table Top Mountain that are the centre of attention here.

Moreover, this project is testament to the fact that both great style and a sense of Zen-like calm can be achieved on a limited budget – sometimes, less really is more.

THE NETHERLANDS
HEAD OFFICE

"I've worked with the entrepreneur who owns this building many times over the years, and in many ways he's my ideal client. He's as committed to perfection as I am, knows what he wants and is brimming with enthusiasm and great ideas. He commissioned this award-winning titanium-clad building – full of the sort of interesting curves and angles I love – then charged us with furnishing it," says Eric. The owner was keen to create a space that gave his employees the ultimate working environment: "He's thought of everything, from a great staff restaurant, to a gym and sauna – there's even a Zen room that workers can use to chill out in – and the whole building is designed to be as eco-friendly as possible." The first challenge was how best to fill the vast foyer, and clearly a statement piece was required. "I managed to source two vast wooden anchors from Indonesia, which, when coupled with the tree, immediately give the space a sense of calm," says Eric.

In the screening area – where staff can watch company presentations – LED lighting behind the bar creates additional interest, while roomy sofas in neutral brown provide luxurious comfort. Meanwhile, in the Zen zone, Eric has taken the curved atrium as his theme, using similarly curved curtain rails, hung with voile, to create relaxation booths.

Says Eric, "This really is a state-of-the-art company in every way – and at its head is a man who realises the impact that a working environment has on staff morale, productivity and – ultimately – the bottom line. It was a privilege to work with him."

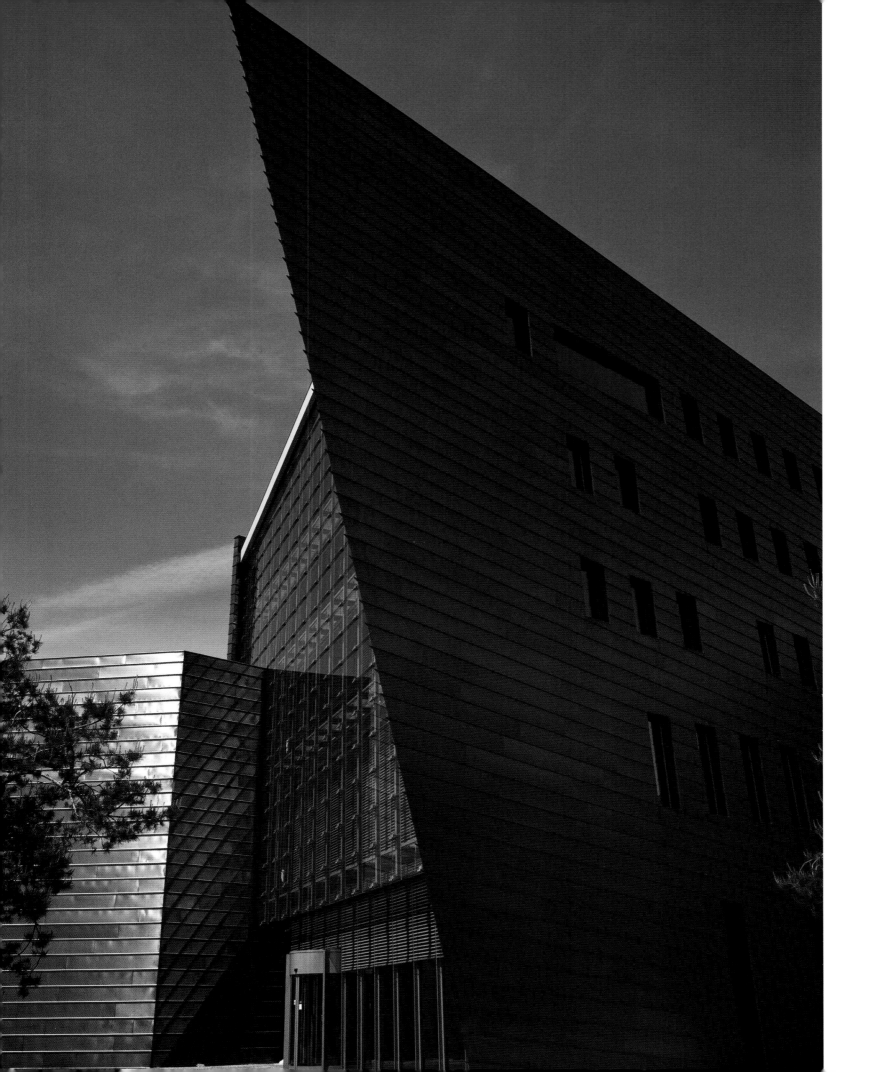

METROPOLITAN LIFESTYLE

TRAVEL

Airport Spain, 11-06-2010

"IT CAN BE VERY HECTIC BUT ULTIMATELY I LOVE IT. THE PLACES I'VE BEEN TO, THE HOTELS I'VE STAYED AT AND THE PEOPLE I'VE MET ARE AN ENDURING SOURCE OF IDEAS AND INSPIRATION."

Travel is one of the perks of Eric Kuster's job – he spends approximately six months of every year visiting his clients around the world. While he'd be the first to concede that this isn't always as glamorous as it sounds – "It can be very hectic but ultimately I love it. The places I've been to, the hotels I've stayed at and the people I've met are an enduring source of ideas and inspiration," he says. "I'm always asking what it is that gives a certain place its charm and energy, and trying to see if I can echo that in my own designs. And as far as hotels are concerned, the best offer the ultimate luxury: unparalleled – a factor that's of paramount importance in my work, too."

Marbella, Gas Station, 11-06-2010

Thailand, Twin Palms Hotel, 05-08-2010

Dubai, 25-05-2010

Istanbul Airport, 09-07-2010

Ibiza boat trip, 23-08-2010

Thailand, 06-08-2010

Particular places have had a special resonance with him throughout his career. "In Spain, for instance, it's all about light, warmth and outdoor living – and those are great factors to be able to play with when I'm designing for clients with homes there." Then there are those places he's worked that ooze cosmopolitan style, "In Monte Carlo, for instance, that blend of old-world beauty with 21st-century energy never fails to excite me." Russia, he finds, is a melting-pot of new ideas while, in Thailand, it's all about working with nature. "Travelling so extensively for my work means I never forget the world of possibilities out there. Plus I've been really fortunate in that, where ever I've gone, I've always been offered the warmest of welcomes."

Brazil, 10-06-2010

Mykonos, 17-08-2010

Cairo, 17-05-2010

Flight to Cairo, 17-05-2010

Thailand, 10-08-2010

Ibiza, 20-08-2010

Marbella, 11-06-2010

Curacao, 14-02-2010

Airport Paris, 06-09-2010

Marbella, 11-06-2010

Monaco, 13-07-2010

Thailand, 11-08-2010

And what about travelling for work throughout his native Netherlands? "It never fails to impress me that, though this is a very small country, it's big on ideas and influences – Holland's rich history means it's been affected by a vast range of cultures from Indonesian to Spanish."

THE NETHERLANDS
PRIVATE RESIDENCE

This project gave Eric Kuster and his team the opportunity to show just how well his classic-with-a-twist look can work in a period setting. The building itself, which dates from 1910 and overlooks Amsterdam's Vondel Park, is remarkable in that it's intact (many such buildings have, these days, been split into apartments) and still boasts its original features. "Detailing, from marble fireplaces and ornate cornicing to hardware on doors and windows, is vital to the integrity of a building, so if I'm working on a project where original details remain, I'll always incorporate them into my design," says Eric. The large windows and high ceilings mean that this is an airy, light-filled space, and Eric's brief was to devise a design that celebrated this quality. A cream, white and taupe colour-palette has been used throughout the house, the exception being in the kitchen, which features dramatic glossy-black storage and a central island that are both beautiful and practical.

Eric also worked with the owner to return the basement floor ceiling to its original height, giving that part of the house a whole new lease of life: a relaxed living room that opens out onto the beautiful garden and park beyond is now at the heart of what was previously an under-utilised area. Above all, though, it's the finishing touches that really stand out in this project, from the collection of turtles on a mantelshelf to the carefully-sourced period chandelier in the entrance hall.

MONACO
ART GALLERY

Designing the interior of this privately funded gallery of Belgian art in Monaco was an entirely new departure for Eric Kuster and his team – experience on commercial projects up to this point hadn't included art spaces. "I was particularly excited, too, to be working in Monte Carlo – a city I've always loved for its one-off combination of classic grandeur and contemporary energy and glamour."

Starting with a lacklustre, 'flat'-looking space, the project gave him the opportunity to experiment extensively with one of his favourite design elements: lighting. "Normally I'm a fan of halogen lighting as I find it softer and more natural-looking than LED. Here, though, LED gave us the flexibility these artworks need, allowing them to be lit up from different angles and with different colours, which can be changed to suit each re-hang or new exhibition. Because the artwork and lighting provides the colour, we could just keep walls the most simple of whites, and add a pared-down-looking poured concrete floor."

Other elements included opening out the central staircase to maximise the beauty of its wide, deep steps and to connect the upper and lower floors more effectively, plus the addition of small, narrow restaurant extension to the original building. The trick within this area was to continue the feeling of luxury albeit on a smaller scale, something that was achieved through use of a cream-and-chocolate colour palette, light reflecting mirrors on the walls and bespoke-designed banquettes.

THE NETHERLANDS
PRIVATE RESIDENCE

Eric's brief for this house, the home of a successful fashion designer and his family, was to inject glamour into a jaded interior. "Few things are more inspirational for me than working with great architecture, and this house – designed by Paul Verhey in 1995 – is a really well-thought-out space. One room flows into the next, but it's playful, too: a minimalist cube from the outside, inside it's full of sinuous lines and curves. Like me, the architect loves contrast – so I certainly think of him as a kindred spirit."

Some of the house's integral features, such as its floor in a warm, pink-toned marble, dictated Eric's design direction. "We introduced copper-coloured accessories, like lamps and over-sized vases, throughout the space, to accentuate the floor's colour and add visual warmth. I always pay particular attention to how a home works, and to details such as seating – the comfort factor is vital: people have to be able to relax in their homes."

The place is full of Kuster hallmarks: chandeliers and opulent satin cushions contrast with slate walls and rough-linen sofas, shutters allow light to gently filter into the room. "In the pool area we introduced new mosaic in a glittering black stone, plus we repainted the bamboo cladding. The result – I think – has to be one of the most gorgeous pool areas in Holland."

THE NETHERLANDS
PRIVATE RESIDENCE

This family house in southern Holland, designed by architect Frank Willems from WillemsenU, enjoys a magnificent location in the heart of woodland. Eric Kuster and his team were involved at a late stage, when the owners had already chosen internal fittings for the building. There is nothing standard about this home, a fact that the monolithic stone walls that wrap round it on either side immediately makes clear. With such a strong sense of the natural both inside – with its stone finishes and cedar wood cladding – and beyond the house's wall, Eric Kuster was keen to inject, as ever, an element of the unexpected. "Otherwise the whole look can just become overly rustic, almost homespun."

Glamour comes courtesy of the flecks of gold in the pool's mosaic lining and a golden pouffe in the living room. Round shapes – such as the pouffe and a set of glass-and-chrome coffee tables in the living room – are to be found in every part of the house, not only echoing its central atrium, but softening the otherwise angular shapes of the building. "When it came to accessorising the house, this project was particularly challenging," says Kuster. "Basically, whatever we added had to complement – rather than compete with – the extraordinary setting. We realised that, here, it really was a case of less is more. That's why, for instance, we decided not to have any window treatments downstairs – all there is to see is the view, free from any visual distractions. The photographs against the wall are by the American paparazzi photographer, Ron Galella, "Nobody captures the glamour of 1970's celebrity culture better," says Eric.

This is a house where exterior and interior merge seamlessly, creating a truly relaxed – and relaxing – bolthole for its owners."

SPAIN
PRIVATE RESIDENCE

"I love working in Spain, because the light is so soft and warm," says Eric Kuster, and in this project – an apartment overlooking the golf club and with a fantastic view over the mountains – he's carefully emphasised the natural, easy-breezy charm of the residence by working with natural, organic materials such as stone, silk and wood, and to a palette of white on white. Polished surfaces and leather, meanwhile, allow light to bounce off every surface. "As a holiday home, it's vital the space has a relaxed, flexible vibe. That's why we gave what was previously an outdoor area the versatility to be both and indoor and an outdoor space by adding folding glass doors. We injected playfulness, too, via unexpected elements – the pendant light made out of a piece of old drift-wood, for instance. And how did the apartment's owners react to his efforts?

"I always aim to exceed my clients' expectations, and what made this project a particular joy was the owners' reaction to our design. The owners had said that, previously, although they'd had the place for years, they seldom used it, simply because they didn't like its look and the feel. Now, they use it all the time – Marbella really has become their second home."

THE NETHERLANDS
PRIVATE BANKING OFFICE

While Eric Kuster's work is renowned for its sense of opulence and glamour, it's clear he's equally at home with elegant restraint. Coming up with such a look was the challenge set by leading finance house Rabobank when it approached him to design its first-ever private clients' meeting area. "Creating a pared-down feel allowed me to think in a new way, and I began by working with a green-grey colour palette, based on a shade we created ourselves. We eventually used this in the opening corridor of the building where a striking modern artwork is used as a focal point. I was keen to differentiate areas used for informal discussions with those used for board meetings," he says. This was achieved not only through use of more capacious, relaxed seating in the informal areas, but by separating what is in reality a very open space with voile curtaining, so that private areas can be created as necessary.

Eric Kuster has paid homage, too, to the Rabobank building's art deco roots, by incorporating classic pieces of furniture from that era such as Ludwig Mies van der Rohe's Barcelona chairs, designed in 1929. In the boardroom, Charles & Ray Eames' Aluminium chairs from 1958 are another classic.

Artwork is another important feature of this office space, "I choose pieces that were thought-provoking and created an impact without dominating the walls," says Eric. "It was important to devise a look and feel that reinforced the Rabobank brand values of expertise, quality and commitment, and that at the same time, would provide a productive setting for client meetings. That's exactly what I feel we've achieved".

Working on Eric Kuster metro sneakers collection, 01-08-2010

"I LOVED THE PLACE FROM THE MOMENT I FIRST SAW IT, BUT WHEN I HEARD THAT IT'S HISTORY WAS SO APPROPRIATE TO MY OWN WORK, I FELT IT WAS REALLY MEANT TO BE MY BASE"

South of Holland, location photoshoot, 12-07-2010

The Netherlands, 30-06-2010

Villa Eric Kuster, 28-06-2010

Villa Eric Kuster, 28-06-2010

Metro sneakers by Eric Kuster, 01-05-2010

Eric Kuster's villa doesn't just provide the ideal setting for client discussions – a place where clients can come for inspiration and ideas and can see the Kuster design ethos in practice – it's also a great place in which to work, too. The Villa, designed in the 1950s, was originally used by an earlier interior designer to showcase his work, "I loved the place from the moment I first saw it, but when I heard that it's history was so appropriate to my own work, I felt it was really meant to be my base," he says.

Villa Eric Kuster, 28-06-2010

Villa Eric Kuster, 28-06-2010

Miljonair Fair Antwerpen 23- 09-2010

Samsung by Eric Kuster, 13-04-2010

Photoshoot Rodrigo @ Mykonos, 05-06-2010

Samples in our studio, 14-04-2010

The ground floor is dominated by a staircase and central atrium – the sort of rounded shapes that Eric so enjoys working with – with a kitchen and cloakroom, plus glamorous living space, complete with a vast contemporary-style open fireplace. Bedrooms and bathrooms upstairs complete the domestic picture; downstairs in the basement is Eric's power house: the studio.

Villa Eric Kuster, 28-06-2010

Opening Mono Brandstore @ Ibiza, 29-06-2010

Samsung by Eric Kuster, 22-04-2010

Ibiza, 30-02=6-2010

Working out in the gym, 01-05-2010

Villa Eric Kuster, 28-06-2010

Villa Eric Kuster, 28-06-2010

Here in a book-lined room where swatches, inspirational mood boards and photos are always on hand to provide additional inspiration, he works with his team of designers, craftsmen and administrative staff to plan and execute every project from initial consultation to key-in-the-front-door. "We genuinely get a buzz from bouncing ideas off one another in the process of answering any client's given brief. I find it really satisfying to be able to tap in to expert knowledge for each and every aspect of project design – if we can't do something ourselves, we'll always know exactly which craftsmen to turn to within the design industry. It's great to have reached a stage when I'm working with the very best, to produce the very best. It makes for an energising environment, and is one of the major reasons I get a kick out of coming to work every single day."

THE NETHERLANDS
PRIVATE RESIDENCE

This contemporary Amsterdam apartment was handed over to Eric Kuster with the brief that he was to create a luxurious, restrained space for its owners. The result embodies all his signature styles – gloss, lacquer and mirror have been used to maximise the sense of light and space, while the colour palette is drawn from his favourite shades of black, white, rich cream and taupe – tones that can always be relied upon to create an elegant but laid-back feel. Within the living areas, spaces have been decorated in complementary styles to create both formal and relaxed areas. Symmetry is an important component of the look here, with sofas and lamps used in pairs to create a feeling of balance and proportion. A contemporary fireplace creates an understated focus within the more formal living area, while drama is brought to the dining area through use of dark furniture and an oversized pendant lamp. The kitchen, meanwhile, features glossy cabinets in a rich, chocolate brown.

A complete contrast comes via the white tones within the master bedroom, where a wall panel made up of different finishes not only echoes the style of the padded leather headboard above the bed, but also brings textural variety to the space. As with every Kuster project, the difference – from bespoke door handles to accessories such as shells and vases – lies in the detail: "Nothing here is random – everything has been selected to provide beauty or comfort or both – and I guess that's why this home has a particularly relaxed feel," says Eric Kuster.

SPAIN
PRIVATE RESIDENCE

It's reassuring to note that even in the world of high-end design, simple changes can make a radical difference. "The first thing we did with this 1970s-built family house in Marbella," says Eric Kuster, "was to paint its exterior white – when previously it had been a rather dated-looking ochre – and its window-frames black. We also added new, specially-designed doors throughout. Immediately, it looked like a fresher, more contemporary home."

Things became rather more complex inside, however. The layout needed a rethink, as the kitchen was way too small to accommodate an owner who loves cooking and entertaining, while the bedrooms, too, needed opening out. When it came to design details, high gloss and lacquered finishes, coupled with lashings of white, allow light to bounce round this sun-filled house but, as ever, there's room for contrast, too: "We've used natural elements such as the coffee-table and lamp bases made from vast hunks of white-washed wood, but we've combined them with more formal pieces, such as the Gustavian-style chairs upholstered in a subdued taupe print," says Eric.

In this house, too, it was about creating different zones – with a relaxed sitting area for watching TV, and a more formal one for reading or conversation. Great attention has been paid to an outdoor space in which the owner spends much of his time, with the specially-designed furniture on the terrace looking as if it would be every bit as comfortable inside the house as it is out. Each and every space within both house and garden, succeed in providing the warmest of laid-back welcomes.

THE NETHERLANDS
CLUB & RESTAURANT

The successful entrepreneur-owner of this wonderful art deco building – originally a cinema – wanted to create a bar-restaurant cum nightclub with a difference. The listed building features a magnificent steel staircase, as well as original light-fittings. Eric's brief was to take its existing sense of glamour and fun to a new level. The bar exudes quiet opulence, thanks to brown velvet-clad walls, and comfortable corner seating upholstered in bronzed leather. The restaurant, meanwhile, has a library theme with books lining the walls and a mood that's perfect for conversation. Eric's capacity for problem-solving is exemplified by the shuttered windows he's added to this part of the space. In reality, there's nothing but a dark internal void behind them but, by using natural-looking back lighting, he's created the illusion that they overlook an outdoor area.

Upstairs in the opulent Spiderman-themed club, purple-velvet clad walls and seating in the VIP area are upholstered in luxurious gold leather. The true show-stopper, though, is the lighting display that entertains nightly visitors. "Over the years, I've surrounded myself with a first-class team – I think of them as my family – and that's one of the reasons we can achieve the sort of things we've been able to achieve here. Although I knew exactly what I wanted to achieve visually in Rex's web-themed light display, I didn't have the technical skills to achieve it. Consequently, I made sure we were working with someone who did – and the result is a spectacular light show that really is the talk of the town!"

THAILAND
PRIVATE RESIDENCE

It says much for the vision of the owners of the plot of land in Phuket on which this house is built that it was ever created. "The land was unprepossessing, with just rubber plants to look at but, with sea on either side, the owner realised that a house here could be stunning and would certainly always enjoy spectacular views."

Although initial designs had already been completed when Eric Kuster was brought on board, his team worked to extend the layout, creating a huge living space and salon on the ground floor with bedrooms downstairs, close to the pool. The living room, with its wenge flooring and high ceilings, was designed to maximise the wonderful views, with custom-made furniture throughout the house shipped over from Europe. Understated luxury is the hallmark of the room – witness the little gold-band detailing in the central pilasters, complemented by Kuster's signature metallic cushions.

"We worked with the client to choose colour schemes throughout the house that emphasise its natural setting – a palette of warm, sandy tones, punctuated by chocolate, black and cream," says Kuster.

The house, with its unusual shaped roof, undoubtedly incorporates elements of Thai design, but Eric Kuster and his client were keen to create a holiday home with an international feel. "One of the many satisfying things about this project," says Kuster, "is the fact that we've created a space that fits so well within its surroundings, but isn't a pastiche of any other architectural styles – it's simply a beautiful, cosmopolitan holiday home."

TRANSLATIONS

Wie naar het werk van Eric Kuster kijkt, zal niet verbaasd zijn dat hij zijn carrière in de mode is begonnen. Het is ook duidelijk dat hij zijn liefde voor textuur en het gebruik van contrasterende materialen overgehouden heeft aan zijn duik in de wereld van het textieldesign – hij was creatief en commercieel directeur van een Nederlands textielbedrijf. Voeg deze twee vaardigheden samen en je hebt de ideale basis voor een glanzende, wereldwijde carrière in het interieurdesign. Eric Kuster speelt in al zijn projecten, privé en commercieel, op geniale wijze met het ongrijpbare begrip: de 'wow-factor'. En dat is in veel landen aangeslagen, van Dubai tot Rusland en van Spanje tot Egypte, met als resultaat een keur van projecten waaronder de exclusieve Jimmy Woo Club in Amsterdam, het Barcelona Football Club Stadium 'Camp Nou' en vele kosmopolitische woningen over de hele wereld. In de 'Metropolitan Lifestyle' komen de opwinding en de jet-setstijl van de 21e eeuw samen met het besef dat in onze snelle, jachtige wereld echte luxe niet gaat over rijkdom en decadentie, maar over het jezelf omringen met mooie objecten waar je intens van kunt genieten. Het is een manier van leven die je aantreft in tophotels – waar alles draait om service en stijl – en die een belangrijke bron van inspiratie zijn geweest voor Eric's designcarrière.

Zijn villa-showroom-studio even buiten Amsterdam draagt deze visie uit. Klanten komen ernaar toe om Eric te ontmoeten, de mogelijkheden te bespreken en de kenmerkende sfeer en stijl in zich op te nemen. Er zijn soortgelijke showrooms in Dubai, Curaçao en Moskou en in zijn eigen winkels op Ibiza en in Antwerpen kun je speciaal door hem ontworpen meubels en zorgvuldig gekozen accessoires kopen. Maar wat het Eric Kuster merk zo succesvol maakt is Eric Kuster zelf: een energieke, ambitieuze man met een perfect ontwikkeld gevoel voor klasse, die op unieke wijze stijl en inhoud combineert. 'Ik beloof nooit iets wat ik niet kan waarmaken' zegt hij, 'het gaat om de details en de wetenschap dat als een project afgerond is, de klant thuiskomt in een compleet ingerichte en unieke ruimte die past bij zijn smaak en zijn manier van leven, een ruimte waar hij van houdt. Ik heb ontzettend veel geluk dat ik interessante klanten aantrek die me inspireren. Dat maakt het makkelijker voor me interieurs te ontwerpen die perfect bij hun persoonlijkheid passen. Mijn klanten verleggen, net als ik, graag hun grenzen, wat het creatieve proces opwindend, stimulerend en zo aantrekkelijk maakt'.

مقدمة

بالنظر إلى قدرة إيريك كوستر على مواكبة الاتجاهات السائدة في وقت ما، سوف يدهش القليل لمعرفة أنه بدأ حياته المهنية في عالم الأزياء. وبالمثل، يمكن فهم السبب وراء اهتمامه الشديد ببُعد "الملمس" في تصميماته - وخاصة ملمس الخامات المتناقضة - في ضوء غزوه لعالم تصميم المنسوجات: فقد كان كوستر في السابق يشغل منصب مدير الإبداع والمدير التجاري لشركة منسوجات هولندية. إن الجمع بين هاتين المهارتين يهيئ الأساس المثالي الذي تبني عليه سمعة عالمية في عالم التصميمات الداخلية. وبعبارات بسيطة، يعتبر كوستر شخصية عبقرية في تحقيق عامل "الإبهار"، الذي تعجز عن وصفه الكلمات، داخل المنازل وفي الأماكن التجارية على حدٍ سواء. وهذه الموهبة معترف بها في دول كثيرة، من دبي إلى روسيا، ومن أسبانيا إلى مصر، وفي مشروعات متنوعة مثل نادي جيمي وو كلب الليلي المميز الكائن في العاصمة الهولندية أمستردام، واستاد نادي بارشلونة لكرة القدم، واستاد 'نوو كامب' لكرة القدم وكذلك في منازل ذات طابع عالمي في شتى أنحاء العالم.

ويجسد أسلوب الحياة في العاصمة أسلوب حياة القرن الحادي والعشرين الذي يغلب عليه طابع الإثارة وتسود فيه موضة السفر من أجل المتعة. كما يبين أسلوب الحياة هذا أنه في عالمنا الذي يتسم فيه إيقاع الحياة بالسرعة، ليس الترف الحقيقي هو الثراء والانحطاط الأخلاقي، وإنما إحاطة الشخص نفسه بأشياء جميلة تبعث في نفسه الشعور بالسعادة والراحة. وهذا طابع يتجسد في الفنادق العالمية- حيث تجتمع الخدمة والذوق معًا- التي تشكل مصدر إلهام لإيريك كوستر في تصميماته.

ويتجسد أسلوب إيريك في التصميم في فيلته الملحقة بها قاعة عرض واستديو، وهي تقع خارج العاصمة الهولندية أمستردام حيث يمكن للعملاء مقابلته لمعاينة تصميماته على الطبيعة ومعرفة المزيد عن أسلوبه في التصميم. وتوجد معارض مماثلة في دبي، ومصر، وسلوفينيا مع وجود محل تجاري متخصص في بيع الأثاثات والإكسسوارات المنزلية المصممة بناءً على طلب كوستر في جزيرة إبيزا الأسبانية. والأهم من ذلك كله أن مفتاح نجاح العلامة التجارية التي تحمل اسم إيريك كوستر يكمن في مواقف الشخص نفسه. فكوستر، صاحب الشخصية النشيطة الطموحة ذات الحس المرهف بالجمال، شخص يهتم بالجوهر بقدر اهتمامه بالشكل. وهي ملامح تبرز في قول كوستر: "لا أقبل مطلقًا أن أعد العميل بشيء لا أقدر على تنفيذه، وبالنسبة لي فإنني أعنى بالتفاصيل وأراعي أنه بمجرد انتهاء المشروع، فإنه يكون بإمكان العميل الانتقال، دون أي مشاكل أيًا كانت، إلى مكان متميز يعكس ذوقه وأسلوب حياته ويحظى بإعجابه الحقيقي. إنني محظوظ بشكل غير عادي لأنني اجتذب العملاء الذين أشعر تجاههم بعلاقة قوية؛ مما ييسر عليّ مهمة ابتكار تصميمات تعكس بصدق شخصياتهم. وعملائي مثلي يرغبون في التحرر من القيود- مما يعني أن العملية الإبداعية بالنسبة لي إنما هي عملية يغلب عليها دومًا طابع الإثارة والتجديد وتبعث في نفسي الشعور بالرضا".

Введение

Учитывая способность Эрика Кустера поймать дух времени и следовать за его изменениями, наверное, немногие удивятся, если узнают, что свою карьеру он начал в индустрии моды. Тогда, учитывая его причастность к текстильному дизайну, становится понятной и его любовь к тканям, особенно к контрастным материалам. В свое время Эрик был творческим и коммерческим директором голландской текстильной компании. Если объединить навыки и мастерство, необходимые на этих двух должностях, получим идеальную основу для создания мировой репутации в дизайне интерьеров. И в жилом помещении, и в бизнес-пространстве Кустер может гениально сотворить тот неуловимый эффект мгновенной привлекательности, известный как «вау-фактор». Гений мастера признан во многих странах – от России до Арабских Эмиратов, от Испании до Египта. Он проявил себя в разноплановых проектах: от уникального клуба Jimmy Woo в Амстердаме до стадиона футбольного клуба Барселона «Камп Ноу», не говоря уже о множестве домов по всему миру, выполненных в космополитичном стиле.

Образ жизни в крупном урбанистическом центре является воплощением ажиотажа и характерного для 21 века стиля, присущего сливкам общества. Этот стиль жизни в нашем быстро развивающемся мире диктует свое понимание истинной роскоши: теперь это не богатство и декаданс, а возможность окружить себя красивыми вещами, приносящими и удовольствие, и комфорт. Именно эта характерная черта, воплощенная во всех отелях мирового класса, где сочетаются сервис и стиль, так сильно повлияла на дизайнерскую карьеру Эрика Кустера. Примером подхода Эрика к работе является его вилла, она же – выставочный центр, и она же – мастерская. Расположено это здание совсем недалеко от Амстердама. Здесь клиенты могут на месте увидеть стиль Кустера и еще больше познакомиться с его подходом к дизайну. Аналогичные выставочные центры находятся в Дубае, в Египте и в Словении. На Ибице в Испании есть магазин, где продается созданная мастером на заказ мебель и аксессуары. Но прежде всего успех бренда «Эрик Кустер» объясняется самой личностью дизайнера. Энергичный, целеустремленный, с повышенным чувством гламура, это состоятельный и стильный человек. «Я никогда не пообещаю клиенту того, чего не смогу сделать, – говорит Эрик. – И для меня важна каждая деталь. Я должен знать, что после того, как мы завершим проект, хозяева смогут без проблем переехать в свой любимый дом, отражающий их вкусы и образ жизни. Знаете, мне везет: я привлекаю клиентов, с которыми ощущаю некое особое родство душ. Поэтому мне легче создать дизайн, который будет действительно отражать их личность. Как и я, мои клиенты готовы выходить за рамки привычного. А это значит, что процесс творчества для меня всегда волнителен. Он воодушевляет и доставляет мне огромное удовольствие.

THE NETHERLANDS 9
PRIVATE RESIDENCE

Het intrigerende aan deze moderne villa, een gezinswoning, is dat een derde van het woonoppervlak ondergronds ligt en dat het huis er vanbuiten niet heel bijzonder uitziet. De verrassing is des te groter als je naar binnen gaat. De benedenverdieping is, met de voor Eric Kuster kenmerkende ingetogen glamour, ingericht als luxe spa – met een zwembad, sauna, jacuzzi en hammam, plus ruimtes voor licht- en aromatherapie. Boven in de bioscoop zorgen gecapitonneerde wanden, bekleed met fluweel en satijn, en weelderige, goudkleurige fluwelen sofa's voor een speels 3D-effect. De rest van het huis straalt rust en sereniteit uit door het gebruik van gedekte kleuren en simpele grafische vormen; de eigenaar heeft een passie voor het verre oosten. 'Bij deze opdracht was elke ruimte en elk detail even belangrijk, van de met leer beklede deuren, waarvan een flink aantal met croco-effect, tot de schitterende rookglazen balustrade langs de trap die het huis domineert'. Ook buiten draait alles om comfort: het terras is verwarmd – wat geen overbodige luxe is in Nederland – zodat de bewoners het hele jaar door van hun tuin kunnen genieten.
'Dit was een inspirerende klant om voor te werken', zegt Eric Kuster. 'Je merkt dat je onder zijn invloed je grenzen steeds meer verlegt en nieuwe oplossingen probeert te bedenken. Zijn energie was een enorme stimulans voor het team en we zijn heel erg blij met het resultaat'.

فيلا فان دير فالين

اللافت للنظر في هذا المنزل، وهو عبارة عن فيلا عصرية للأسرة، هو وجود قرابة ثلث المساحة تحت المستوى الأرضي، ومن الخارج يكاد ينعدم عنصر الإبهار. ومكان كهذا من المتوقع أن يكون نطاق الإبهار الذي ينتظر داخل جدرانه أكثر إثارة. فمنطقة النادي الصحي في الطابق السفلي تضم حمام سباحة، وساونا، وجاكوزي، وحمامًا تركيًّا بالإضافة إلى مناطق علاج بالضوء والروائح وهي جميعًا مصممة وفقًا لإحساس كوستر بالسحر الهادئ.

وفي الطابق العلوي، تعمل شاشة العرض السينمائي بالمؤثرات ثلاثية الأبعاد من خلال استخدام القماش القطيفة والستان المحشو الذي يكسو الجدران والأرائك التي تم تنجيدها بالقماش القطيفة الذهبي والتي تنقل الشعور بالفخامة الهادئة. وفي أماكن أخرى، يبرز ولع صاحب الفيلا الشديد بالشرق في اختيار الألوان الهادئة، والأشكال الجرافيك البسيطة، وجو الصفاء الذي يسود جنبات المنزل. وعن هذا المنزل، يقول كوستر: "تمثلت مهمتنا في إبراز كل المساحات والتفاصيل في هذا المنزل- بدءًا من الأبواب التي غطينا عددًا كبيرًا منها بجلد له ملمس جلد التمساح حتى درابزين السلم المصنوع من الزجاج المدخن الخرافي الشكل والذي يهيمن على المنزل. وفي الخارج أيضًا، حظي عنصر الراحة بحظ وافر من الاهتمام: فمنطقة الشرفة تتباهى بامتلاكها نظام تدفئة مدمجة مما يفسح المجال أمام أصحاب الفيلا للاستمتاع بالمنظر المطل على الحديقة على مدار العام حتى رغم التقلبات الجوية في هولندا. هذا العميل من النوع الذي أعتقد أنه يشكل مصدر إلهام لمن يعمل معه. فهو يدفعك طوال الوقت للابتعاد عن منطقة راحتك ويلهمك للاقتراب من التحديات بطرق جديدة تمامًا. فحماسته دفعت فريقنا إلى

Современная семейная вилла в городе Вугт в Нидерландах
В этом доме есть некая интрига: около трети его пространства находится ниже уровня земли. При взгляде с улицы это не слишком бросается в глаза и не вызывает ажиотажа. И тем сильнее изумление, ожидающее посетителя в стенах дома. В SPA-зоне на цокольном этаже расположены бассейн, сауна, джакузи и хамам, а также зоны свето- и ароматерапии. Все это – с ощущением приглушенного гламура, присущего дизайнеру. Наверху в домашнем кинотеатре присутствует эффект трехмерности, создаваемый стенами, покрытыми бархатом и атласом, и спокойной пышностью диванов с обивкой из золотистого бархата. Любовь хозяина виллы к востоку прослеживается везде: это увлечение передается с помощью приглушенных цветов, простых графических форм и атмосферы безмятежности и спокойствия, которую излучает дом. «Наша задача заключалась в том, чтобы каждое пространство и каждая деталь имела значение – от дверей с обивкой, имитирующей крокодиловую кожу, до изумительной балюстрады из дымчатого стекла. Снаружи дома комфорт также в большом почете: на террасе встроено отопление, что позволяет хозяевам наслаждаться видом на сад в течение всего года, даже с учетом капризов голландского климата.
«Мой клиент – из тех людей, работа с которыми вдохновляет, – говорит Эрик Кустер о владельце виллы. – Он постоянно подталкивает к тому, чтобы двигаться дальше, выходя за пределы зоны комфорта, и вдохновляет на достижение новых задач абсолютно новыми методами. Его энергетика двигала нашу команду на дальнейшие высоты. В итоге мы все были в полном восторге от результата!»

PRIVATE RESIDENCE

Dit project in Marbella was voor Eric een genot om aan te werken, omdat de opdrachtgever precies dezelfde kijk op esthetiek heeft. 'Ik was vanaf het eerste moment dol op dit huis, alles klopt: de hoge plafonds, de enorme open ruimtes, het vakmanschap waarmee het gebouwd is, het zijn precies de dingen die zo belangrijk zijn in mijn eigen werk'. Het aanbrengen van structuur was hier van groot belang, 'de juiste verhoudingen maken een huis indrukwekkend maar ook intiem, als je het niet goed doet ziet de ruimte er koud uit. Door goed naar de indeling te kijken en te zorgen dat de ruimtes op de juiste manier in elkaar overlopen kun je ook van een groot, rommelig en onoverzichtelijk huis een eenheid maken'. De meubels zijn speciaal voor de ruimte ontworpen: een salontafel zo groot als een tweepersoonsbed, enorme kroonluchters en een open haard van rookglas – de collectie stenen boeddhabeelden doet de rest. Eric Kuster heeft de opdracht van zijn klant, alleen het beste is goed genoeg, letterlijk opgevolgd. Het resultaat is een huis met het luxe gevoel van een vijfsterren hotel. Door in de verschillende ruimtes hetzelfde meubilair en dezelfde kleden te gebruiken in complementaire tinten grijs en bruin, wordt een gevoel van eenheid gecreëerd.
De tuin was een belangrijk onderdeel van het project, aangezien een groot deel van het leven in Spanje zich buiten afspeelt. Het zwembad en het terras, met op maat gemaakte meubels, laat de grenzen tussen binnen en buiten vervagen.

منزل مولار ماربيلا
قام ببناء هذا المنزل الكائن في ماربيلا بأسبانيا عميل يتبنى نفس القيم الجمالية لإيريك كوستر مما جعل العمل في هذا المشروع مصدر سعادة خاصة لإيريك. وعن ذلك المنزل، يقول إيريك: "أعجبني المنزل منذ اللحظة التي وقعت فيها عيني عليه، فكل جزء منه يترك انطباعًا معينًا بدءًا من الأسقف العالية والمساحات المفتوحة الشاسعة حتى مستوى الصنعة التي دخلت في إنشائه- وهي جميعًا قيم مهمة جدًا بالنسبة لي في عملي". وكان إضفاء الحس بالمقياس التناسبي والمبنى ذا أهمية قصوى. وعن هذا، يقول إيريك: "يجب عليك ضبط المقياس التناسبي إذا كنت تود أن يكون للمنزل وقع قوي في النفس وأن يفيض في نفس الوقت بجو الألفة. فعدم ضبطه سوف يجعل البرودة وعدم الدفء يستبدان بالمكان. وبالمثل، فإنه بإعداد مخططات الغرف بعناية وباختيار طريقة انسياب المساحات بعضها على بعض، يمكنك أن تجعل منزلاً كبيرًا، كان من الممكن أن يبدو متشعبًا دون ترابط بشكل مبالغ فيه، يبدو كما لو كان وحدة كاملة متكاملة".
ومن بين القطع الفنية المصممة خصيصًا لملء المساحات الفارغة طاولة القهوة التي يصل حجمها إلى حجم السرير المزدوج، والنجف الضخم جدًا، والمدفأة الضخمة المصنوعة من الزجاج المدخن، ومجموعة تماثيل بوذا الحجرية التي اختارها أصحاب المنزل بأنفسهم. لكنه من الواضح أن كوستر التزم بالمهمة التي كلفه بها العميل والتي تتمثل في انتقاء الأفضل، وكانت النتيجة منزلاً ينقل طابع الترف الذي يميز الفنادق ذات الخمس نجوم. وفي الوقت نفسه، فإنه باستخدام نفس قطع الأثاث لكن بدرجات خفيفة مكملة من اللونين البني والرمادي- على سبيل المثال الأثاث في غرف النوم والطوابق السفلية المفروش على السجاجيد- ينقل الشعور بالترابط والتناسق. وبالنظر إلى أن الشعب الأسباني يقضي جزءًا كبيرًا من وقته خارج المنازل، فإن الحديقة تعتبر أحد المكونات الأساسية للمشروع. فحمام السباحة والشرفة، المفروشة بقطع أثاث مصممة خصيصًا لهما، نجحا في نقل الطابع المهيمن على المساحات الداخلية إلى المساحات الخارجية والعكس صحيح.

Марбелья, Мюллер
Клиент, построивший этот дом в испанском городе Марбелья, разделяет эстетические ценности Эрика, поэтому работать над проектом было особенно приятно. «Я влюбился в этот дом, как только увидел его, – говорит Кустер. – Каждая его деталь заявляет о себе: это и высокие потолки и много открытого пространства, и профессиональное мастерство при его создании – все то, что я особенно ценю и в своей работе». Делом первостепенной важности было передать ощущение размаха и масштабности: «Если хочешь, чтобы дом выглядел впечатляюще, но при этом передавал ощущение чего-то сокровенно-душевного, важно не переусердствовать в игре с объемом, иначе в пространстве будет ощущаться холодок. И наоборот, если тщательно структурировать планировку помещений и перетекание одного пространства в другое, то огромный дом не будет выглядеть беспорядочно спланированным, а будет казаться единым целым».
Среди специальных дизайнерских элементов, дополняющих пространство – кофейный столик размером с двуспальную кровать, огромные канделябры, большой камин из дымчатого стекла, и собранная хозяином дома коллекция каменных фигурок Будды. Заметно, что Кустер четко придерживался указаний заказчика брать все только самое лучшее, чтобы создать дом с атмосферой роскоши пятизвездочного отеля. А ощущение однородности сохраняется благодаря использованию одинаковых элементов разных оттенков, хотя и дополняющих друг друга, нейтрального коричневого и серого. Например, это мебель в спальнях и в нижней части дома коврики.
Поскольку большую часть времени в Испании проводят вне стен дома, ключевой частью проекта является сад с бассейном и террасой. Специально изготовленные предметы обстановки на террасе позволяют создать ощущение того, что внутреннее пространство дома как бы вынесено наружу, а внешнее пространство, в свою очередь, плавно перетекает внутрь.

De jonge eigenaren hebben ziel en zaligheid in dit huis gelegd. Tijdens vele reizen hebben ze foto's gemaakt van interessante architectuurstijlen en decoraties, die de inspiratiebron vormden voor het ontwerp van hun huis. Omdat ze al jaren fan waren van Eric Kuster's stijl hebben ze hem gevraagd het huis, ontworpen door architect Michael Durgaram, in te richten. 'Ik wilde graag aan dit project werken, niet alleen omdat de eigenaren zo enthousiast waren, maar ook omdat dit weer zo'n goed voorbeeld is van een slim ontworpen huis.' Schuifwanden zorgen voor flexibiliteit en zacht gefilterd licht valt de ruimte binnen – dit huis is puur en naturel. Regenwater valt door openingen in het dak op bloemen en planten, en een infinity pool loopt van buiten naar binnen. 'Ik hou van huizen waar de grens tussen binnen en buiten vervaagt,' zegt Eric. De keuze van meubels en accessoires versterken dat natuurlijke, open gevoel. Eric hielp de bewoners zelfs bij het uitkiezen van kiezelstenen voor het 'tapijt' in de woonkeuken. Het sobere interieur laat de architectuur van het huis schitteren en het uitzicht op de Tafelberg doet de rest. Dit huis toont ook aan dat je met een beperkt budget en veel gevoel voor stijl een geweldig resultaat kunt bereiken. Voor dit project geldt zeker: 'less is more'.

منزل خاص، جزيرة كوراساو
هذا المشروع هو نتاج الحب لمالكيْهِ الشابيْن اللذيْن طالما كانا معجبيْن بأسلوب إيريك. بعد الانتقال من هولندا، جمعا التفاصيل المعمارية من زياراتهما إلى دول مختلفة في شتى أنحاء العالم، والتقطا بعناية صورًا فوتوغرافية للتفاصيل التي أعجبتهما، ثم أدمجاها في المنزل الذي بنياه لأنفسهما. وقيام إيريك بتجهيز المنزل الجديد لهما أصبح بمثابة التجميل للتورتة. وعن ذلك المشروع، يقول إيريك: "كنت حريصًا على العمل في هذا المشروع ليس فحسب لحماس مالكيْهِ الشديد، وإنما أيضًا لتصميمه فائق البراعة. فالمصاريع الداخلية تضفي على المكان طابع المرونة، والجدران المزودة بفتحات تفسح الطريق أمام الضوء للتغلغل في المنزل، والمكان من الواضح جدًّا أنه "منزل طبيعي". والفجوات الموجودة في السقف تركت تحديدًا للسماح بالسقوط على مشاتل الزهور العديدة، ويمتد حوض السباحة اللانهائي من خارج المنزل إلى جدرانه. تعجبني بصفة خاصة الأماكن التي يمتزج فيها داخل المبنى مع خارجه". وقد ساعد اختياره للتجهيزات والإكسسوارات المنزلية على إبراز طابع المكان المفتوح- وقد ذهب إيريك بعيدًا إلى حد مساعدة الزوجين على اختيار الحصى الذي يستخدم "كسجادة" طبيعية داخل منطقة تناول الطعام في المطبخ. وتعمُّد عدم الإكثار من الكلام عن التصميم الداخلي يعني أن محور الاهتمام هنا هو عمارة المنزل ومناظر جبل تيبل توب الخلابة. بالإضافة إلى ذلك، يدل هذا المشروع على أنه يمكن تحقيق تصميم رائع وخلق جو من الهدوء الشبيه بهدوء غرف التأمل بميزانية محدودة- أحيانًا يمكننا تحقيق إنجازات أفضل بإمكانيات أقل.

Частный дом на Кюрасао (остров во владении Нидерландов)
Молодые владельцы жилища - давние поклонники стиля Эрика Кустера, которые переехали сюда из Голландии. А этот проект – их любимое детище. Посещая различные страны мира, они тщательно отбирали интересные архитектурные детали и фотографировали понравившиеся элементы. В здании, которое они построили для себя, хозяева и использовали всю накопленную информацию. Создав замечательный дом, они словно испекли вкусный торт, а вот украсить его сахарной глазурью (то есть, заняться меблировкой помещений) пригласили Эрика. «Я работал над этим проектом с большим увлечением», – говорит Кустер. – И не только благодаря энтузиазму его хозяев, но и потому, что это еще один дом, созданный с умом. Внутренние ставни меняют очертания пространства. Свет просачивается сквозь стены и жалюзи. Все здание целиком можно однозначно назвать «природным». На крыше есть специальные зазоры – сквозь них дождь попадает на клумбы. Бесконечный бассейн тянется снаружи и, окруженный его стенами, входит в пространство здания. Особенно мне нравятся места, где внутреннее пространство дома сливается с внешним». Мебель, которую подобрал Эрик для этого проекта, подчеркивает открытость помещения. Он даже помог хозяевам выбрать гальку, лежащую полоской естественного коврика в зоне кухни и столовой. В оформлении интерьера отмечается некая умышленная недоговоренность, позволяющая не отвлекать внимание от основного – от архитектуры дома и захватывающего вида на Столовую Гору, виднеющуюся вдалеке. Этот проект – лучшее доказательство тому, что и с небольшим бюджетом можно создать восхитительный стиль и ощущение буддистской умиротворенности. Вот уж действительно, «лучше меньше, да лучше».

'Ik heb vaker met deze zakenman gewerkt en hij is zo'n beetje mijn ideale klant. Hij is, net als ik, een perfectionist, weet wat hij wil en loopt over van de ideeën en het enthousiasme. Hij heeft dit bekroonde gebouw laten ontwerpen en bouwen door Bert Voss en heeft ons de opdracht gegeven het in te richten. Het met titanium beklede gebouw heeft precies de hoeken en rondingen waar ik van hou,' zegt Eric.
De eigenaar wilde de perfecte werkomgeving voor zijn werknemers creëren. 'Hij heeft aan alles gedacht, van een geweldig bedrijfsrestaurant tot een sportruimte met sauna – er is zelfs een zenruimte waar werknemers kunnen ontspannen – en het gebouw is zeer milieubewust ontworpen.'
De eerste uitdaging was de inrichting van de enorme hal: 'de boom en de twee houten ankers uit Indonesië stralen een gevoel van rust uit.' De presentatieruimte, met grote bruine sofa's en led-verlichting achter de bar, oogt comfortabel en luxe. De zenruimte volgt de gebogen lijnen van het atrium, golvende voile gordijnen vormen ruimtes waar je je even in kunt terugtrekken. Eric: 'dit is een ultramodern bedrijf dat wordt geleid door iemand die weet hoe de juiste werkomgeving mensen, de productiviteit en dus het eindresultaat beïnvloedt. Ik vond het een voorrecht met hem te werken.'

مبنى مكاتب، جنوب هولندا

يقول إيريك عن صاحب هذا المبنى: "عملت مع رجل الأعمال الذي يمتلك هذا المبنى عدة مرات على مدار السنين، وكان عميلي المثالي في عدة جوانب. فلديه التزام بالكمال مثلي، ويعرف ما يريد كما أنه مفعم بالحماس والأفكار الرائعة. فقد كلف أحد الكيانات بإنشاء هذا المبنى المغطى بألواح التيتانيوم والفائز بجائزة- المليء بالنوعية التي تعجبني من المنحنيات والزوايا اللافتة للنظر - ثم كلفني بتجهيزه". وكان صاحب المبنى حريصًا على خلق مكان يهيئ لموظفيه بيئة العمل المثلى. وعن ذلك، يقول إيريك: "لقد فكر في كل شيء، بدءًا من المطعم الرائع المخصص للموظفين حتى صالة الجيمنازيوم وغرفة الساونا- وتوجد حتى غرفة تأمل يمكن للعمالة استخدامها للاسترخاء- والمبنى كله مصمم بحيث يكون صديقًا للبيئة بقدر الإمكان".

وكان أول تحدٍ واجه إيريك هو البحث عن الأسلوب الأمثل لشغل البهو الفسيح، وكانت هناك حاجة إلى قطعة فنية متميزة. وعن هذا، يقول إيريك: "لقد نجحت في الحصول على مرساتين خشبيتين كبيرتين من إندونيسيا وعندما اقترنتا بالشجرة أضفتا على المكان على الفور جوًا من الهدوء".
وفي منطقة العروض- حيث يمكن للموظفين مشاهدة العروض التقديمية للشركة- تثير الإضاءة بنظام الصمام الثنائي المشع للضوء خلف المنضدة مزيدًا من الاهتمام، في الوقت الذي تخلق فيه الأرائك الواسعة ذات اللون البني الخفيف جوًا من الراحة الوفيرة. وفي الوقت نفسه، في منطقة التأمل، اتخذ إيريك من الردهة منحنية الشكل فكرة أساسية له مستخدمًا مواسير ستائر منحنية أيضًا معلقة عليها ستائر فوال لخلق أكشاك للاسترخاء.

ويختم إيريك كلامه قائلاً: "هذه حقًا شركة متطورة بجميع المقاييس يرأسها رجل يدرك تأثير بيئة العمل على روح الموظفين المعنوية وإنتاجيتهم مما ينعكس في النهاية على نتائج الأعمال. إنه لشرف لي أن أعمل معه".

Офисное здание на юге Голландии

«В течение нескольких лет я неоднократно сотрудничал с предпринимателем, которому принадлежит это здание. Он – идеальный клиент во многих отношениях, – говорит Эрик. – Также как и я, он любит совершенство во всем, знает, чего хочет, и переполнен энтузиазмом и прекрасными идеями. Сначала он сдал объект в эксплуатацию. Затем поручил нам меблировку этого удостоенного награды здания с титановым покрытием, где так много столь любимых мною интересных углов и кривых линий». Владелец объекта хотел создать пространство с идеальной рабочей атмосферой для своих сотрудников. «Он продумал все: от прекрасного ресторана для работников офиса до спортзала и сауны. Здесь есть даже помещение в стиле «дзен», где сотрудники могут расслабиться. А все здание сделано экологически безвредным, насколько это возможно».
Первая сложная задача, которую требовалось решить дизайнеру – как лучше всего заполнить обширное фойе. Для этого явно нужен был какой-нибудь яркий объект, стягивающий на себя внимание. «Я раздобыл в Индонезии два деревянных якоря, изображающие якоря. Между ними поставили дерево, и пространство сразу же наполнилось ощущением спокойствия», – рассказывает Эрик. В комнате для просмотра фильмов и презентаций светодиодная подсветка за баром создает дополнительный интересный момент, просторные диваны нейтрального коричневого цвета позволяют ощутить комфорт и роскошь. А в зоне дзен-релаксации дизайнер создал трансформируемые навесы для отдыха, взяв за основу лейтмотив внутреннего дворика с закругленным контуром: такую же форму имеют кронштейны для занавесей, отгораживающих посетителя дзен-кабинки.
По мнению Эрика, это во всех смыслах современная компания. «А возглавляет ее человек, который осознает, насколько важны окружающие рабочие условия для боевого духа сотрудников, производительности, и, в конечном результате – для доходов компании. Работать с ним было для меня честью».

THE NETHERLANDS 66
PRIVATE RESIDENCE

Met dit project konden Eric Kuster en zijn team laten zien hoe goed zijn stijl – klassiek met een twist – past in huizen met een geschiedenis. Het pand, dat uitkijkt over het Vondelpark, dateert uit 1910 en heeft veel van zijn originele elementen behouden. Dit is bijzonder want meestal zijn dit soort panden in appartementen opgesplitst en is er veel verloren gegaan. 'Originele elementen zoals marmeren schouwen, kroonlijsten en hang- en sluitwerk, bepalen de sfeer van een huis, dus als ze nog aanwezig zijn spelen ze een belangrijke rol in mijn ontwerp,' zegt Eric. De grote ramen en hoge plafonds zorgen voor veel licht en een ruimtelijk gevoel, Eric's opdracht was dit gevoel te versterken. Door het gebruik van een crème, wit en taupekleurig palet baadt het huis in een zee van licht, de enige uitzondering is de keuken: het kookeiland en de hoogglans zwarte kasten zorgen voor een dramatisch contrast.
In overleg met de eigenaar heeft Eric het plafond van de kelderverdieping teruggebracht tot de originele hoogte. Wat eens een nauwelijks ge-bruikt deel van het huis was is nu een comfortabele woonkamer met uitzicht op de prachtige tuin en het park daarachter. Maar wat het meest opvalt aan dit project zijn de finishing touches, van de collectie schildpadschilden op de schoorsteenmantel tot de met zorg uitgezochte antieke kroonluchter in de gang.

مسكن خاص، حديقة فونديل بارك، أمستردام

أتاح هذا المشروع لإيريك كوستر وفريق العمل معه الفرصة لتوضيح مدى ملاءمة رؤيته الكلاسيكية المقترنة بالأبعاد الجديدة لبيئة تلك الفترة. المبنى نفسه، الذي يرجع تاريخه إلى عام 1910 ويطل على حديقة فونديل بارك العامة الكائنة بأمستردام، مميز من حيث إنه لم تمسه يد التغيير (فكثير من تلك المباني تم تقسيمها في هذه الأيام إلى شقق) ومازال يفخر بحفاظه على ملامحه الأصلية. وعن هذا، يقول إيريك: "تفاصيل المنزل، بدءًا من الدفايات الرخام والكرانيش المزخرفة حتى القطع المعدنية على الأبواب والنوافذ، ضرورية للحفاظ على وحدة المبنى، لذا فإن كنت أعمل في مشروع يتم فيه الحفاظ على التفاصيل الأصلية، فإني أدمج دائمًا تلك التفاصيل في تصميمي." النوافذ الكبيرة والأسقف العالية تدل على أن هذا المكان جيد التهوية مليء بالضوء، وكانت مهمة إيريك ابتكار تصميم يخلد هذه الخاصية. فاستخدم إيريك مجموعة الألوان الكريمي، والأبيض، والرمادي الداكن في كل أرجاء المنزل، باستثناء المطبخ الذي كان يضم خزانة مطبخ مميزة ذات لون أسود لامع وفي وسطه تصميم على شكل جزيرة، وكلاهما بديع المنظر وعملي. كما عمل إيريك أيضًا مع المالك لإعادة سقف الدور السفلي إلى ارتفاعه الأصلي، باعثًا في هذا الجزء من المنزل حياة جديدة: غرفة المعيشة المريحة المؤدية إلى الحديقة جميلة المنظر ثم إلى موقف السيارات صارت الآن في قلب منطقة لم تستغل جيدًا في الماضي. ورغم ذلك، فاللمسات الأخيرة هي التي برزت فعلاً في هذا المشروع، بدءًا من مجموعة السلاحف الموضوعة على رف المستوقد وحتى النجفة التي تنتمي إلى تلك الفترة والمنتقاة بعناية في منطقة الاستقبال.

Частная резиденция в парке Вонделя в Амстердаме
Работая над этим проектом, Эрик Кустер вместе со своей командой продемонстрировал, как его «сумасшедшая классика» мо-жет сочетаться с обстановкой определенной эпохи. Здание, возвышающееся над парком Вондель, было построено в 1910-х. В отличие от многих своих «сородичей», которые сейчас разделены на отдельные квартиры и утратили целостность, этот дом при-мечателен своей нетронутостью и все еще может похвастаться оригинальными чертами. «Чтобы сохранить целостность здания, очень важны детали – от мраморных каминов до богато украшенных карнизов. Поэтому, когда я работаю над проектом, в ко-тором есть множество оригинальных компонентов, я обязательно включаю эти детали в свой дизайн», – отмечает Эрик. Боль-шие окна и высокие потолки создают пространство, наполненное воздухом и светом. Задача дизайнера заключалась в том, что-бы подчеркнуть и усилить это качество. Во всем доме, кроме кухни, используется кремовая, белая и серовато-коричневая па-литра. В кухне же акцентом является эффектный глянцевый черный – именно в этом цвете выполнена красивая и практичная стенка и кухонный остров. Кроме того, вместе с хозяином дома Эрик восстановил первоначальную высоту подвального этажа, вдохнув в него вторую жизнь: теперь в центре ранее не использовавшегося пространства находится гостиная для отдыха, выхо-дящая в прекрасный сад и парк. Но больше всего в этом проекте по-настоящему выделяются мелкие штрихи, придающие ощу-щение завершенности. Среди них, например, коллекция черепашьих панцирей на каминной полке или тщательно подобранная люстра в вестибюле, гармонирующая с образом той эпохи.

MONACO 79
ART GALLERY

Een commerciële ruimte voor kunst hadden ze nog nooit ontworpen, dus dit project, een galerie voor Belgische Kunst in Monaco, was iets geheel nieuws voor Eric Kuster en zijn team. 'Ik vond het heerlijk om in Monte Carlo te werken, het is een geweldige stad vanwege de unieke combinatie van klassieke grandeur en een eigentijdse energie en glamour.' De ruimte had geen bijzondere uitstraling, dus Eric kon uitgebreid experimenteren met een van zijn favoriete designelementen: verlichting. 'Ik ben een fan van halogeenlicht vanwege de wat zachtere, natuurlijke uitstraling, maar in dit geval zorgt led-verlichting voor meer flexibiliteit. De kunstwerken kunnen vanuit verschillende hoeken en met verschillende kleuren belicht worden, en voor een nieuwe opstelling of een nieuwe tentoonstelling kan alles heel makkelijk veranderd worden. Omdat de kunstwerken en de verlichting voor voldoende kleur zorgen hebben we de ruimte simpel gehouden, met witte muren en een vloer van gegoten beton'.
De opengebroken trap – waarvan de mooie, diepe treden nu goed zichtbaar zijn – zorgt voor een betere verbinding tussen de etages en een smalle uitbouw, met daarin het restaurant, is aan het gebouw toegevoegd. Een kleurenpalet van crème- en chocoladebruine tinten, spiegels die het licht weerkaatsen en speciaal voor de ruimte ontworpen bankjes langs de muur geven het restaurant dezelfde luxueuze uitstraling, maar dan op kleinere schaal.

معرض فنون، مونت كارلو

كان تصميم الجزء الداخلي لمعرض الفن البلجيكي هذا، المموَّل تمويلاً خاصًّا والكائن في موناكو بمثابة منحى جديد تمامًا بالنسبة لإيريك كوستر وفريقه- فخبرتهم بالمشروعات التجارية حتى هذه اللحظة لم تتضمن تصميم أي مساحات فنية. وعن ذلك المشروع، يقول إيريك: "لقد طرت فرحًا للعمل في مونت كارلو- تلك المدينة التي طالما أحببتها لما تتميز به من مزيج فريد يجمع بين الفخامة الكلاسيكية والحيوية والسحر المعاصرين".
وعندما بدأ إيريك العمل بمساحة منطفئة يعوزها البريق تشبه الشقة، أتيحت له الفرصة بفضل هذا المشروع ليجرب على نطاق واسع أحد العناصر المفضلة في تصميمه: الإضاءة. وعن الإضاءة، يقول إيريك: "في العادة، أنا من المعجبين بالإضاءة الهالوجين لأنها في رأيي أهدأ وتبدو طبيعية أكثر من الإضاءة بنظام الصمام الثنائي المشع للضوء. ورغم ذلك، فإن استخدام الإضاءة بنظام الصمام الثنائي المشع للضوء هنا أضفى طابع المرونة الذي تحتاجه هذه اللوحات الفنية مما أفسح المجال لسقوط الإضاءة عليها من زوايا مختلفة وبألوان مختلفة، ويمكن تغيير هذه الزوايا والألوان لتناسب كل طريقة جديدة لتعليق اللوحات أو كل معرض جديد. وبالنظر إلى أن اللوحات الفنية والإضاءة يوفران معًا عنصر اللون، أمكننا استخدام أبسط درجات اللون الأبيض مع الجدران وأرضية من الخرسانة المصبوبة التي تبدو مكشوطة".

ومن بين عناصر التصميم الأخرى توسيع درج السلم الموجود في الوسط لإضفاء مزيد من الجمال والبهاء إلى درجات السلم الواسعة الكبيرة وربط الطوابق العلوية بالسفلية بمزيد من الفعالية، هذا فضلاً عن إضافة امتداد في شكل مطعم صغير محدود المساحة إلى المبنى الأصلي. وبدت البراعة في تصميم هذه المساحة واضحة في الحفاظ على طابع الترف، وإن كان على نطاق أضيق، وهو ما تحقق من خلال استخدام اللونين الكريمي والكاكاوي، والمرايا العاكسة للأضواء على الجدران، والموائد المصممة حسب الطلب.

Художественная галерея в Монте-Карло

Работа над интерьером частной галереи бельгийского искусства в Монако оказалась совершенно новым направлением для Эрика Кустера и его команды – до этого момента коммерческие проекты не охватывали пространство искусства. «И еще я был очень рад поработать в Монте-Карло – в городе, который я всегда любил за его уникальное сочетание классического великолепия с современной энергетикой и гламуром», признался Эрик.
Изначально это было тусклое и плоское пространство. Именно это и позволило мастеру вдоволь поэкспериментировать с одним из своих любимых элементов дизайна – с освещением. «Как правило, я поклонник галогенного света, так как считаю его мягче и естественней светодиодов. Но в данном случае именно с помощью светодиодов мы получили необходимую для произведений искусства пластичность и податливость: работы освещаются различными оттенками и под разными углами, которые варьируются в зависимости от выставки. Поскольку освещение и выставляемые работы влияют на цвет пространства в помещении, мы выбрали наиболее простое решение для стен, оставив их белыми. Пол сделали из уложенного бетона, который смотрится достаточно просто».
Есть и другие интересные дизайнерские решения. Например, это расширение центральной лестницы. Оно подчеркивает красоту ее широких и глубоких ступенек и добавляет эффектности при соединении нижнего и верхнего этажей. Или размещение небольшого ресторана в узкой длинной пристройке к основному зданию. Здесь тонкость заключалась в том, чтобы продлить ощущение роскоши на меньшей территории. Эта задача была выполнена с помощью кремово-шоколадной цветовой палитры, зеркал, отражающих свет, и специально созданных сидений вдоль стены ресторана.

THE NETHERLANDS 86
PRIVATE RESIDENCE

Het huis van een succesvolle modeontwerper en zijn familie kon wel een oppepper gebruiken en Eric werd gevraagd een interieur met glamour te ontwerpen. 'Werken met schitterende architectuur is een enorme inspiratiebron. Over dit huis – in 1995 ontworpen door Paul Verhey – is heel goed nagedacht. De ruimtes lopen logisch in elkaar over, maar het is ook speels: vanbuiten ziet het eruit als een minimalistische kubus maar vanbinnen bestaat het uit zinnelijke lijnen en vloeiende vormen. De architect en ik houden allebei van contrast, wat dat betreft zijn we verwante geesten.' Een aantal aspecten van het huis, waaronder de roze getinte marmeren vloer, vormden het uitgangspunt voor Eric's ontwerp. 'Koperkleurige accessoires zoals lampen en enorme vazen accentueren de kleur van de vloer en voegen warmte toe. Ik besteed veel aandacht aan hoe een huis functioneert, hoe werkt de zithoek bijvoorbeeld. Dit soort details zijn belangrijk, alles draait om comfort, mensen moeten zich thuis helemaal kunnen ontspannen.'
Overal in huis zie je typische Kuster kenmerken en contrasten: kroonluchters en luxueuze satijnen kussens contrasteren met leistenen muren en sofa's bedekt met grof linnen. Luiken zorgen voor een zacht gefilterd licht.
Het zwembad is een groot succes. 'We hebben het bamboe opnieuw geverfd en prachtig glanzende zwarte mozaïektegels gebruikt, dat is alles. Het resultaat is adembenemend, het is volgens mij een van de mooiste zwembaden van Nederland geworden.'

مسكن خاص. جنوب هولندا
تمثلت مهمة ايريك بالنسبة لهذا المنزل، وهو منزل مصمم أزياء ناجح وأسرته، في إضفاء جو من السحر على داخل المنزل الذي يستبد به الملل. وعن هذا المنزل، يقول إيريك: ''أشياء صغيرة تحرك إلهامي أكثر من العمل في مجال العمارة العظيم، وهذا المنزل- الذي صممه المعماري بول فيرهي في عام 1995- تم حقًا تخطيطه ببراعة فائقة. فالغرفة تفتح على الأخرى، لكن المكان يسوده جو من المرح أيضًا: فالمنزل من الخارج على شكل مكعب مبسط، لكنه من الداخل مليء بالخطوط المتعرجة والمنحنيات. هذا المعماري مثلي يميل إلى استخدام عنصر التضاد- لذا أعتبره بالتأكيد روحًا شقيقةً لي.''
بعض الملامح الأساسية للمنزل، مثل أرضيته المغطاة بالرخام القرنفلي اللون الذي يمنح الشعور بالدفء، فرضت التوجه التصميمي الذي اتبعه إيريك. وعن تصميم المنزل، يقول إيريك: ''استخدمنا الإكسسوارات المنزلية نحاسية اللون، مثل المصابيح والزهريات كبيرة الحجم جدًا، في كل أرجاء المكان لإبراز لون الأرضية وإضفاء جو من الدفء البصري. أولي دائمًا اهتمامًا خاصًا إلى تأثير المنزل وإلى تفاصيل مثل المقاعد- فعامل الراحة أساسي لا غنى عنه: فيجب أن يتمكن الأشخاص من الاسترخاء في منازلهم.''

المكان مليء بلمسات كوستر المميزة: فهناك نوع من التضاد بين النجف والوسادات الستان الفخمة من ناحية، والجدران المغطاة بألواح الأردواز والأرائك التي تم تنجيدها من قماش الكتان الخشن من الناحية الأخرى؛ ومصاريع النوافد تفسح الطريق أمام الضوء للتغلغل برقة في الغرفة. وعن حمام السباحة، يقول إيريك: ''في منطقة حمام السباحة، استخدمنا نوعًا جديدًا من الفسيفساء على حجر أسود لامع، كما أعدنا طلاء واجهة المنزل المصنوعة من الخيزران. والنتيجة- في رأيي- إحدى أروع مناطق حمامات السباحة في هولندا.''

Дом Томми. Частная резиденция на юге Голландии
В этом здании, построенном в 1995 году архитектором Полем Верхеем, проживает успешный модельер со своей семьей. Задача Эрика заключалась в том, чтобы вдохнуть красоту и очарование в непримечательный и тусклый интерьер. «Мало что вдохновляет меня столь же сильно, как работа с великолепной архитектурой. Здесь очень продуманное пространство. Одна комната перетекает в другую с неким шаловливым оттенком и игривостью синусоид и кривых линий – притом, что снаружи здание представляет собой минималистический куб. Заметно, что архитектор дома, как и я, любит контрасты - я чую в нем родственную душу». Задумываясь над внутренним дизайном, Эрик отталкивался от уже имеющегося интерьера и его неотъемлемых особенностей. Вот, например, – пол из розового мрамора. «По всему пространству мы расставили аксессуары с медным оттенком – лампы и огромные вазы, которые подчеркивают цвет пола и добавляют теплоты. Особое внимание я обязательно уделяю функциональности, местам для сидения. Фактор комфорта я считаю очень важным – дома человек должен иметь возможность расслабиться». Здесь повсюду «фирменные знаки» дизайнера: шикарные люстры и пышные атласные диванные подушки контрастируют со стенами из сланца и с грубой холщовой обивкой диванов. Сквозь ставни мягко пробивается свет. «А в бассейне мы положили новую мозаику из блестящего черного камня и перекрасили бамбуковую обшивку. В результате получился, по-моему, один из роскошнейших бассейнов в Голландии».

Deze gezinswoning in Zuid-Holland, ontworpen door Frank Willems van WillemsenU, ligt schitterend verscholen in een bosrijk gebied. Eric Kuster en zijn team werden er pas in een laat stadium bij betrokken, toen de eigenaren al bijna aan het inrichten waren. Dit is geen doorsnee woning, wat duidelijk te zien is aan de kolossale stenen muren die het huis omarmen. De natuurlijke omgeving en uitstraling van het huis – met de stenen muren buiten en veel steen en cederhout binnen – had een tegenwicht, iets verrassends nodig: 'anders wordt het allemaal wel erg rustiek' vond Kuster. De goudgevlekte mozaïektegels in het zwembad en een gouden poef in de woonkamer voegen een vleugje glamour toe. Ronde vormen, zoals de poef en de koffietafelset van glas en chroom in de woonkamer, vind je overal in het huis terug. Ze weerspiegelen het centrale atrium en verzachten de hoekige vormen van het gebouw. 'Het uitzoeken van de accessoires was een uitdaging, omdat ze bij dit bijzondere huis moesten passen en er niet mee moesten concurreren' zegt Eric.
Langs de muur staan foto's van de Amerikaanse paparazzi fotograaf Ron Galella. 'Niemand heeft de glamour van de celebrity-cultuur van de jaren zeventig beter weten te vangen,' zegt Eric. 'Ook voor dit huis geldt "less is more", daarom hebben we bijvoorbeeld besloten beneden niets voor de ramen te hangen, alles draait om het uitzicht, het oog wordt nergens door afgeleid. Dit is een huis waar buiten en binnen naadloos in elkaar overvloeien, het is een ontspannen toevluchtsoord voor de bewoners geworden.'

منزل في الغابة

يتمتع منزل الأسرة هذا، الذي يقع في جنوب هولندا، والذي قام بتصميمه المعماري فرانك ويلمز، بموقع رائع في قلب الغابة. وقد تم إشراك إيريك كوستر وفريقه في هذا المشروع في مرحلة متأخرة عندما كان أصحاب المنزل قد اختاروا بالفعل التجهيزات الداخلية للمبنى. ما من شيئ نمطي في هذا المنزل، وهي حقيقة تعلنها على الفور الجدران المبنية من كتل حجرية التي تطوق جميع جنبات المنزل. ومع ذلك الشعور القوي بالطبيعة داخل جدران المنزل– الذي تنقله التشطيبات الحجرية وتغطية السقف بخشب الأرز- وخارجها، حرص إيريك كوستر، كعادته، على إدخال عنصر المفاجأة. وعن ذلك، يقول كوستر: "وإلا، كان من الممكن أن يبدو المنظر كله ريفيًا جدًّا، تقريبًا مفتقدًا لعنصر الرقي". السحر يداعب النقط ذهبية اللون المنتشرة في الأرضية الفسيفساء لحمام السباحة ووسادة الجلوس الذهبية اللون الدائرية الشكل الموجودة في غرفة المعيشة. وتوجد في كل أجزاء المنزل الأشكال الدائرية – مثل وسادة الجلوس ومجموعة طاولات القهوة المصنوعة من الزجاج والكروم- التي لا تتناغم فحسب مع القاعة المركزية للمنزل، وإنما أيضًا تخفف من حدة الأشكال ذات الزوايا في المبنى. أما عن الإكسسوارات المنزلية، فيقول كوستر: "عندما أتى الأمر إلى اختيار إكسسوارات المنزل، كان هذا المشروع حافلاً بتحديات خاصة. في الأساس، كل ما أضفناه كان يجب أن يكمل- دون أن يتعارض مع- المحيط غير العادي للمكان. فأدركنا أنه في هذا المكان البساطة هي سر الجمال. ذلك هو السبب، على سبيل المثال، وراء قرارنا عدم استخدام إكسسوارات النوافذ في الطوابق السفلية. فكل ما يمكن رؤيته هو المنظر الطبيعي، بعيدًا عن أي مشتتات بصرية. فهذا منزل يندمج خارجه مع داخله بانسجام، مما يخلق ملاذًا مريحًا حقًا – يبعث على الاسترخاء- لأصحابه".

Семейный дом на юге Голландии, созданный архитектором Франком Виллемсом, расположен в великолепном месте в центре лесного массива. К услугам Эрика Кустера и его команды прибегли на последней стадии, когда хозяева уже выбрали всю внутреннюю фурнитуру здания. В доме нет ничего стандартного, и это сразу заметно по окружившим его стенам из монолитного камня. Природность окружения глубоко ощущается и внутри (благодаря отделке из камня и напольному покрытию из кедровой древесины), и вне стен дома. Поэтому неудивительно, что Кустер, как никогда, стремился привнести элемент неожиданности. «Без этого получилась бы излишне простоватая, почти грубая сельская атмосфера». Мерцание гламура можно различить и в крупинках золота на мозаичной облицовке бассейна, и в круглом пуфе золотистого цвета, размещенном в гостиной. В доме много круглых форм: от уже упоминавшегося золотистого пуфа до композиции из кофейных столиков в гостиной, выполненных из стекла с хромированной рамой. Круглые формы не только отражают и многократно воспроизводят мотив центрального атриума, но и смягчают угловатые формы здания. «Выбор аксессуаров для дома был особенно сложным заданием в данном проекте, – отмечает Кустер. – Добавленные нами детали не должны отвлекать внимание от необычной обстановки. Наоборот, они должны дополнять ее. Мы поняли, что это именно тот случай, когда «лучше меньше, да лучше». Поэтому, например, было принято решение никак не оформлять окна в нижней части – чтобы ничто не отвлекало взгляд. Это дом, где плавно сливаются внешнее и внутреннее пространство, создавая место для непринужденного расслабленного отдыха своих хозяев».

SPAIN 112
PRIVATE RESIDENCE

'Ik werk graag in Spanje, ik hou van het Spaanse licht, het is zacht en warm,' zegt Eric Kuster. Hij heeft voor dit project – een appartement met uitzicht op de golfclub en de bergen daarachter – de ongedwongen, relaxte charme van een vakantiehuis benadrukt door natuurlijke, organische materialen te gebruiken zoals steen, zijde en hout, gecombineerd met wittinten. Glanzende oppervlakken en glad leer weerkaatsen het licht. 'Dit huis vraagt om een ontspannen, flexibele sfeer. We hebben glazen vouwdeuren geplaatst zodat je de patio bij het woongedeelte kunt betrekken als je wilt. Onverwachte details, zoals een hanglamp van drijfhout, versterken de informele sfeer.'
En hoe reageren de bewoners op dit alles? 'Ik probeer altijd de verwachtingen van mijn opdrachtgevers te overtreffen. Als wij klaar zijn met het huis kunnen zij er zo intrekken: de kleding hangt in de kast en handdoeken, zeep en parfum liggen klaar in de badkamer. We stellen hoge eisen aan ons werk, alles wordt tot in de puntjes verzorgd. Wat dit project vooral zo leuk maakte was de enthousiaste reactie van de eigenaars. Ze hadden dit appartement al jaren maar kwamen er nauwelijks omdat ze zich er niet thuis voelden. Nu zijn ze er constant – Marbella is hun tweede huis geworden, een plek waar ze zich helemaal kunnen ontspannen.'

شقة خاصة في ماربيلا
يقول إيريك كوستر: ''أحب العمل في أسبانيا لأن الضوء هادئ ودافئ جدًّا''، وفي هذا المشروع- وهو شقة تطل على نادي الجولف وعلى منظر الجبال الرائع- أبرز إيريك بعناية السحر الطبيعي الرقيق الذي ينساب عبقه في جنبات المسكن من خلال العمل بخامات طبيعية عضوية مثل الحجر، والحرير، والخشب واستخدام اللون الأبيض بدرجاته المختلفة. وفي الوقت نفسه، تفسح الأسطح المصقولة والجلد المصقول المجال أمام الضوء للاصطدام بكل سطح ثم الارتداد عنه.

وعن ذلك المنزل، يقول إيريك: ''بوصفه منزلاً مخصصًا لقضاء الإجازات، من الضروري أن يشيع في المكان جو الاسترخاء والمرونة. ذلك هو السبب الذي جعلنا نحول منطقة خارجية إلى منطقة داخلية وخارجية في نفس الوقت عن طريق تركيب أبواب زجاجية قابلة للطي. كما أضفينا على المكان أيضاً جوًا من المرح باستخدام عناصر غير متوقعة- على سبيل المثال، علاّقة النجف المصنوعة من قطعة خشب قديم مجروف بالماء.
وكيف كان رد فعل ملاك الشقة على جهوده؟
عن ذلك، يقول إيريك: ''هدفي دائمًا أن أفوق توقعات عملائي، لذا نسلم مشروعًا مكتملاً جاهزًا ليستخدمه الملاك مباشرة: أي تعلق الملابس في الدواليب، وتوضع اللمسات الأخيرة على الحمامات بتجهيز الفوط، والصابون، والروائح. نحن نهتم ببدء وإنهاء كل شيء يدخل في نطاق أعمالنا على أعلى مستوى ممكن. والذي جعل هذا المشروع مصدر سعادة خاصة لنا ما أبداه الملاك من تقدير لتصميمنا. فرغم أنهم يمتلكون المكان منذ سنوات، فإنهم قلما كانوا يستخدمونه في الماضي، حسب قولهم، لمجرد أنه لم يعجبهم منظره أو البيئة المحيطة به. الآن يستخدمونه طوال الوقت- لقد صارت ماربيلا حقًا منزلهم الثاني، صارت مكانًا يمكنهم الاسترخاء والراحة فيه''.

Частная квартира в Марбелье
«Люблю работать в Испании – там очень мягкий и теплый свет», – говорит Эрик. На этом объекте (квартира с окнами, выходящими на гольф-клуб, и со сказочным видом на горы) Кустер мягко подчеркивает естественное очарование жилища, словно наполненного легким ветерком. Дизайнер использовал в работе природные органические материалы – камень, шелк и дерево, а также светлую цветовую гамму. Кожа и полированные поверхности отражают солнечный свет практически отовсюду.
«Для дома, предназначенного для летнего отдыха, важно, чтобы внутренняя атмосфера была мягкой и расслабленной. Поэтому мы внесли разнообразие в ту зону, которая раньше находилась вне помещения: мы установили раздвижные двери, и теперь это пространство может находиться как внутри, так и снаружи. Еще мы добавили некоторую игривость, используя неожиданные элементы – например, висячую лампу, изготовленную из бревна.
И как же на старания дизайнера отреагировали хозяева квартиры?
«Я всегда стремлюсь к тому, чтобы превзойти ожидания клиентов, – говорит Кустер. – Поэтому, когда мы завершаем проект, он полностью готов к тому, чтобы сразу же принять в свое лоно жильцов: в платяных шкафах висит одежда, в ванных комнатах - полотенца, мыло и различные виды парфюма. Все, чем мы занимаемся, мы делаем по высшему стандарту. Конкретно в этом проекте нас очень обрадовала положительная реакция хозяев на наш дизайн. Это жилье у них уже много лет, но они признаются, что раньше бывали здесь крайне редко просто потому, что им не нравилась атмосфера и обстановка в квартире. Теперь же они приезжают сюда постоянно – Марбелья стал их вторым домом, местом расслабления и отдыха».

RABOBANK 124
PRIVATE BANKING OFFICE

Eric Kuster heeft naam gemaakt met ontwerpen vol luxe en glamour, maar hij kan ook heel goed uit de voeten met stijlvolle elegantie, zoals te zien is aan deze opdracht: het ontwerpen van een ontvangstruimte voor privé klanten van de Rabobank.
'Voor dit meer ingetogen ontwerp zijn we uitgegaan van een grijs-groen kleurenpalet, gebaseerd op een door ons ontworpen kleur. Deze kleur hebben we, in combinatie met een opvallend, modern kunstwerk, gebruikt voor de entrée van het gebouw. Ik wilde een duidelijk onderscheid maken tussen de ruimtes voor informele gesprekken en de vergaderruimtes', zegt hij. Comfortabele stoelen zorgen voor een ontspannen sfeer en voile gordijnen maken het mogelijk privacy te creëren in de open ruimte. Moderne klassiekers, zoals de Barcelona stoel van Mies van der Rohe uit 1929 en de Aluminium stoel uit 1958 van Charles & Ray Eames in de directiekamer, benadrukken de oorspronkelijke – art deco – stijl van het gebouw.
Kunst speelt een belangrijke rol. 'Ik heb werken gekozen die opvallen maar niet domineren,' zegt Eric. 'Het interieur moest de belangrijkste waardes van de Rabobank uitstralen – expertise, kwaliteit en betrokkenheid – gecombineerd met een stimulerende omgeving voor overleg met klanten. En volgens mij hebben we dat bereikt.'

مكاتب العملاء الخصوصيين في بنك رابوبنك، أمستردام

رغم أن أعمال إيريك كوستر مشهورة بطابع البذخ والسحر، فإن من الواضح أن إيريك يشعر بالراحة أيضًا عند الاتجاه إلى البساطة الأنيقة. الخروج بتلك الرؤية إلى النور كان التحدي الذي وضعه أمامه بيت التمويل الكبير رابوبنك عندما اتصل به لتصميم أول منطقة لاجتماعات العملاء الخصوصيين. وعن ذلك، يقول إيريك: "إن تخفيف طابع البذخ المسيطر على أعمالي أفسح أمامي المجال للتفكير بأسلوب جديد، وبدأتُ العمل بمزيج اللونين الأخضر والرمادي بدرجة لون من من ابتكارنا. وأخيرًا، استخدمنا درجة اللون هذه في ممر الدخول الخاص بالمبنى حيث تستخدَم لوحة فنية حديثة لافتة للأنظار كملمح رئيسي من ملامح المبنى. وكنت حريصًا على تمييز المناطق التي تستخدم للمناقشات غير الرسمية عن نظيرتها التي تستخدم لاجتماعات المجلس". ولم يتحقق هذا فحسب باستخدام مقاعد أكثر اتساعًا تبعث مزيدًا من الشعور بالراحة في المناطق غير الرسمية، وإنما أيضًا بفصل ما يعتبر في الحقيقة منطقة مكشوفة جدًا بستائر فوال (شفافة) حتى يتسنى خلق مناطق خصوصية عند اللزوم. كما أشاد إيريك كوستر أيضًا بجذور الأسلوب المعماري الذي صمم به مبنى رابوبنك "الأرت ديكو" باستخدامه قطع أثاث كلاسيكية ترجع إلى عصر الأرت ديكو مثل كراسي برشلونة التي صممها المعماري لودفيج ميس فان دير روه عام 1929. وفي قاعة اجتماعات المجلس، استخدمت أيضًا قطع أثاث كلاسيكية هي الكراسي الألومنيوم من تصميم تشارلز وراي إيمز والتي يرجع تاريخها إلى عام 1958. واللوحات الفنية أحد الملامح الهامة لمنطقة المكاتب هذه. وعن هذه اللوحات، يقول إيريك: "اخترت قطعًا فنية مثيرة للتفكير تخلق أثرًا دون الهيمنة على الجدران". ويضيف إيريك قائلاً: "لقد كان من المهم إيجاد رؤية وإضفاء جو يعزز ان قيم العلامة التجارية لرابوبنك المتمثلة في الخبرة، والجودة، والالتزام مع تهيئة بيئة بناءة لاجتماعات العملاء في الوقت نفسه. ذلك بالضبط ما شعرت أننا قد حققناه".

Отделение по работе с частными клиентами, Рабобанк, Амстердам
Работы Эрика Кустера славятся роскошью и гламуром. Но если от мастера требуется элегантная сдержанность – Кустер справляется столь же мастерски. Именно такую задачу и поставил перед дизайнером ведущий финансовый дом Рабобанк. Эрику предложили заняться дизайном первого отделения по работе с частными клиентами. «Создавая ощущение упрощенного дизайна, я стал думать по-новому. Я начал с серо-зеленой цветовой палитры, применив оттенок, который мы создали сами. Его мы использовали для коридора-вестибюля, где в качестве фокусной точки взяли необычные объекты современного искусства, – отмечает Кустер. – Было интересно искать различные подходы к оформлению пространства для неофициального общения и помещений для заседаний совета директоров». Для этого в зоне для неформального общения установили просторные и располагающие к отдыху кресла. В дополнение дизайнер использовал прием разделения открытого пространства шторами – если захочется приватности. Кроме того, Кустер отдал должное направлению «ар деко», которое лежит в основе стилистики всего здания. Так, например, он использовал классическую мебель той эпохи – стулья «Барселона» (металлические стулья с кожаным сиденьем), разработанные в 1929 году дизайнером Людвигом Мис ванн дер Роэ. Еще один элемент классики – в зале для заседаний: алюминиевые кресла родом из 1958г. дизайнерской четы Чарльза и Рей Имз. Важной чертой этого офисного пространства являются произведения искусства. «Я выбираю работы, которые заставляют думать, трогают зрителя, но не доминируют», – отмечает Эрик. – «Нужно было создать такое ощущение и такой образ, которые бы усиливали ценности Рабобанка – компетентность, качество и ответственность, и которые, вместе с тем, создали бы благоприятную атмосферу для клиентов. Я знаю, что нам это удалось».

Eric Kuster werd door de bewoners van dit moderne appartement in Amsterdam gevraagd een luxeuze en elegante woonruimte te ontwerpen. In het eindresultaat zijn alle typische Kuster kenmerken terug te vinden – glanzende oppervlakken, lak en spiegels zorgen voor een gevoel van licht en ruimte en zijn favoriete kleuren zwart, wit, crème en taupe creëren, zoals altijd, een elegante maar tegelijkertijd nonchalante sfeer. De grote woonruimte is op geraffineerde wijze opgedeeld en ingericht, er is plek om te ontspannen maar er zijn ook meer formele ruimtes. Symmetrisch geplaatste banken en lampen zorgen voor balans en bepalen de sfeer. Een modern vormgegeven open haard trekt de aandacht in het meer formele woongedeelte, donker meubilair en een enorme hanglamp boven de eettafel geven de eetkamer een dramatisch tintje. De kasten in de keuken zijn glanzend chocoladebruin gelakt. Compleet anders is de slaapkamer, waar wittinten overheersen. Een wandpaneel met verschillende dessins weerspiegelt het gecapitonneerde hoofdeind van het bed en geeft textuur aan de kamer. Zoals bij ieder project waar Eric Kuster bij betrokken is draait alles om de details – van de op maat gemaakte deurknoppen tot de accessoires, waaronder schelpen en vazen, 'niets gebeurt toevallig, alles is uitgezocht om een huis mooier of comfortabeler te maken, of beide. Ik denk dat het huis daarom zo'n ontspannen sfeer heeft,' zegt Eric.

شقة في أمستردام

تم تسليم هذه الشقة العصرية الواقعة في العاصمة الهولندية أمستردام إلى إيريك كوستر مع تعليمات له من أصحابها بخلق مكان لهم يغلب عليه طابع الترف غير المصحوب بمظاهر البهرجة. وتجسّد النتيجة جميع بصمات كوستر المميزة في عالم التصميم- فقد استخدم الطلاء اللاكيه شديد اللمعان والمرآة لتعظيم الإحساس بالضوء والاتساع، في حين كانت الألوان المستخدمة مستمدة من درجات ألوانه المفضلة وهي الأسود، والأبيض، والكريمي، والرمادي- وهي درجات لون يمكن الاعتماد عليها دائمًا لخلق جو من الأناقة المصحوبة بالهدوء. وفي مناطق المعيشة، تم تصميم ديكورات المساحات على نحو يحقق التناغم ويكفل خلق مساحات رسمية وفي الوقت نفسه مريحة. ويعتبر التناسق مكوّنًا هامًا من مكونات المنظر هنا، حيث تم استخدام زوج من الأرائك والأباجورات لخلق الشعور بالتوازن والتناسب. وقد ساعد استخدام مدفأة حديثة الطراز في خلق بؤرة تركيز غير مبالغ فيه داخل منطقة المعيشة التي يغلب عليها الطابع الرسمي، في حين تم إضفاء عنصر الإثارة على منطقة الطعام من خلال استخدام الأثاثات داكنة اللون والأباجورة المعلقة كبيرة الحجم. وفي الوقت نفسه، يضم المطبخ خزائن ذات لون بني شوكولاتي داكن شديد اللمعان.

ويتحقق عنصر التضاد الكامل من خلال استخدام اللون الأبيض بدرجاته داخل غرفة النوم الرئيسية، حيث نجد اللوح الخشبي المكسوة به الجدران والمكون من عدة طبقات طلاء لا يعكس فحسب تصميم رأسية السرير التي تم تنجيدها وكسوتها بالجلد، وإنما أيضًا يضفي على المكان طابع التنوع النسيجي. وكما هو الحال مع جميع مشروعات كوستر، فإن الاختلاف- بدءًا من مقابض الأبواب المصممة بناءً على طلب العميل وحتى الإكسسوارات المنزلية مثل المحار والزهريات- يكمن في التفاصيل. وهو ما ينعكس في قول إيريك كوستر: "ما من شيء عشوائي هنا- فكل شيء تم اختياره لإضفاء جو الجمال أو الراحة أو الاثنين معا على المكان- وهذا في رأيي السبب وراء جو الراحة غير العادية التي تغمر جنبات هذا المنزل".

Квартира в Амстердаме

Задача Эрика Кустера при работе над этой современной квартирой заключалась в том, чтобы создать для ее хозяев пространство с умеренным ощущением роскоши. В результате Эрик использовал все свои «коронные фишки»: блестящие лакированные покрытия и зеркала усиливают ощущение света и пространства. Цветовая палитра – из любимых Кустером оттенков черного, белого, насыщенного кремового и серо-коричневого цветов – эти оттенки можно безбоязненно использовать, если хочешь создать атмосферу спокойной элегантности. Жилая площадь разделена условно на официальную зону и пространство для отдыха. Соответственно, стиль оформления этих зон несколько отличается, хотя вместе они работают как единое целое. Важная роль отводится симметрии: диваны и светильники расположены по парам и создают ощущение равновесия и пропорции. Современный камин в более официальной зоне создает некоторую фокусную точку с относительно сдержанным посылом. А вот обеденное пространство более эффектно и привлекает к себе внимание броскими штрихами: темная мебель и огромная висячая люстра. На кухне используются блестящие шкафы насыщенного шоколадно-коричневого цвета.
Спальня хозяина представляет собой полный контраст благодаря использованию белых тонов. Настенная панель из плит с различным декором не только перекликается с мягкой обивкой передней спинки кровати, но и вносит разнообразие в текстурное наполнение пространства. Как и в любом проекте дизайнера, здесь имеют значение детали, от сделанных на заказ дверных ручек до аксессуаров – черепашьих панцирей и декоративных ваз. Сам Эрик отмечает: «Здесь нет ничего случайного. Все, что вы видите в этом доме, было выбрано либо как элемент украшения, либо как элемент комфорта, а часто – и того, и другого. Я думаю, именно поэтому здесь получилась такая особенная атмосфера расслабленности и непринужденности».

Het is geruststellend te beseffen dat zelfs in de wereld van het luxedesign kleine veranderingen een groot verschil kunnen maken. 'Als eerste hebben we de buitenkant van dit jaren zeventig huis in Marbella aangepakt. De gedateerde okerkleurige muren zijn wit geschilderd, de raamkozijnen zwart en we hebben alle deuren vervangen', zegt Eric, 'het huis zag er meteen frisser en moderner uit'.
Binnen lag het allemaal iets ingewikkelder, alles moest omgegooid worden. De keuken was veel te klein voor iemand die van koken en entertainen houdt en ook de slaapkamers moesten groter worden. Bij het inrichten van dit zonovergoten huis moest licht de vrije ruimte krijgen, vandaar de combinatie van glanzende oppervlakken, glimmend lak en veel wit. Maar er is ook ruimte voor contrast: natuurlijke elementen zoals de koffietafel en lampenvoeten van gewit hout zijn bijvoorbeeld gecombineerd klassieke stoelen in Gustaviaanse stijl, bekleed met een zachte taupekleurige print. 'Ook in dit huis wilden we verschillende ruimtes creëren – een comfortabele zithoek om rustig tv te kijken en een wat meer formele plek om te lezen en te praten.'
Veel aandacht is besteed aan de tuin – waar de eigenaar vaak te vinden is – met comfortabele, op maat gemaakte meubels op het terras, die ook binnen niet zouden misstaan. Waar je ook bent, binnen of buiten, de warme gastvrijheid van dit huis straalt je tegemoet.

منزل بيرترام ماربيلا
إنه لمن دواعي الطمأنينة أن ألاحظ أنه حتى في عالم التصميمات الراقية، يمكن أن تكون التغييرات البسيطة مؤثرة بشكل جوهري. وهو ما يعبر عنه إيريك كوستر بقوله: "أول شيء فعلناه في منزل الأسرة هذا، الذي يرجع تاريخ بنائه إلى حقبة السبعينات- هو طلاء جدرانه الخارجية باللون الأبيض- بينما كان مطليًا في السابق بألوان المغرة التي تبدو عليها نوعًا ما ملامح الزمن - وأطر نوافذه باللون الأسود. كما ركبنا أيضًا في كل أجزاء المنزل أبوابًا جديدة مصممة خصيصًا له. فبدا المنزل على الفور منزلًا أحدث وأكثر عصرية".

ورغم ذلك، ازدادت الأمور تعقيدًا نوعًا ما في الداخل. فمخطط التصميم الداخلي كان يحتاج إلى إعادة تفكير بالنظر إلى صغر مساحة المطبخ نسبيًا بحيث لا يناسب صاحبة المنزل التي تحب الطهي والضيافة، في الوقت الذي كانت فيه غرف النوم تحتاج أيضًا إلى توسيع. وعندما أتى الأمر إلى تفاصيل التصميم، فإن استخدام الطلاء اللاكيه شديد اللمعان مع اللون الأبيض بمساحات كبيرة يفسح الطريق للضوء كي يعانق هذا المنزل الذي تغمر الشمس جنباته، إلا أنه كعادة إيريك، كان هناك أيضًا مجال لعنصر التضاد. وهو ما يعبر عنه إيريك بقوله: "استخدمنا عناصر طبيعية مثل قواعد طاولات القهوة والأباجورات المصنوعة من قطع ضخمة من الخشب المطلي بالجير، لكننا أضفنا معها قطع أثاث تقليدية مثل الكراسي المصممة على طراز أثاث غوستاف التي تم تنجيدها بالقماش المنقوش ذي اللون الرمادي الخفيف". في هذا المنزل أيضًا، انصب الاهتمام على خلق مناطق مختلفة- منطقة جلوس مريحة لمشاهدة التليفزيون ومنطقة أخرى تقليدية للقراءة أو المحادثة.
وقد تم توجيه اهتمام شديد إلى المساحة الخارجية التي يقضي فيها صاحب المنزل معظم وقته حيث ينقل الأثاث المصمم خصيصًا للشرفة الشعور بأن داخل المنزل سيكون مريحًا من جميع الوجوه كخارجه. وقد نجحت كل مساحة في المنزل والحديقة، على حد سواء، في تقديم استقبال حار جدًا يبعث على الشعور بالاسترخاء للمترددين عليه.

Семейный дом в Марбелье
Приятно осознавать, что и в мире высококлассного дизайна даже небольшие изменения могут существенно изменить ситуацию к лучшему. «Наружные стены этого дома, построенного в 70-х годах прошлого века, были окрашены в цвет охры. Выглядели они устарелыми, – рассказывает Эрик Кустер. – Приступив к работе, мы, прежде всего, перекрасили внешние стены в белый цвет, а оконные рамы – в черный. Кроме того, мы установили повсюду новые двери, созданные специально для этого дома. И здание сразу стало выглядеть свежо и более современно!»
Но внутри помещения все оказалось сложнее. Требовалась новая концепция пространства: хозяин любит готовить и принимать гостей, а кухня была слишком мала для него. Да и спальни тоже необходимо было расширить. Когда дело дошло до дизайнерских тонкостей, мастер использовал блестящие лакированные поверхности в сочетании с большим количеством белых акцентов – и вот по дому, наполненному солнечным светом, прыгают солнечные зайчики. Как всегда, в работе Эрика много контрастов: «Из природных элементов мы использовали, например, большие куски побеленной древесной коряги в качестве подставки для кофейного столика и цоколя для лампы. При этом они сочетаются с вполне традиционными предметами, например – креслами в стиле короля Густава, обитыми тканью с принтом приглушенного темно-серого цвета». Еще одна задача заключалась в том, чтобы разбить пространство на несколько различных зон. Одна зона предназначена для спокойного расслабленного отдыха и просмотра телевизора, удобно развалившись в креслах. Другая зона более официальная – для чтения или бесед.
Кроме того, поскольку владелец любит много времени проводить на свежем воздухе, дизайнер уделил внимание пространству за пределами дома. Здесь отметим специально созданную для этой террасы мебель, которая всем своим видом говорит о том, что в доме будет столь же комфортно, как и снаружи. Все пространство и каждый уголок – и в помещении, и в саду – тепло принимают в свои объятия, излучая вальяжность и непринужденность.

Een succesvolle ondernemer wilde dit schitterende rijksmonument in art-decostijl omtoveren tot een eigentijdse, super-de-luxe club met bar en restaurant. Eric's opdracht was de glamour van de oude bioscoop – de prachtige stalen trap en originele verlichting waren nog aanwezig – naar een hoger niveau te brengen. Het was een project waar Eric volop gebruik kon maken van zijn creatieve oplossingsvermogen.

De bar, met bruinfluwelen muren en comfortabele banken in bronskleurig leer, straalt luxe en overdaad uit. Het restaurant is een stijlvolle biblio-theek geworden waar je tussen de boeken ontspannen kunt eten en praten. Zorgvuldig geplaatste verlichting, achter luiken op een blinde muur, verspreidt een zacht, natuurlijk licht en suggereert een buitenruimte.

Boven in de weelderige club, met paarsfluwelen muren en luxueus goudkleurig leer in de vip-ruimte, heeft Eric zich laten inspireren door Spider-man. Maar het pièce-de-resistance is de verlichting van de club. 'In de loop der jaren heb ik me omringd met een team van wereldklasse – ze zijn zo'n beetje familie geworden – en dat is de reden dat we werk op topniveau kunnen afleveren. Ik wist precies wat ik wilde met de verlichting, maar we hadden de technische kennis ervoor niet in huis. Dus hebben we er een expert bijgehaald en het resultaat is een spectaculaire lichtshow waar iedereen het over heeft!'

نادي وبار ريكس بار و آند كُلَبْ، هيلفرسم
أراد رجل الأعمال الناجح ـ المالك لهذا المبنى الرائع المصمم باستخدام الأسلوب المعماري "أرت ديكو"ـالذي كان في الأصل دار سينماـ إنشاء بارـمطعم ونادٍ ليلي متميز . يضم المبنى، الذي لم تمسه يد التغيير ، سلالم فخمة مصنوعة من الصلب غير القابل للصدأ بالإضافة إلى تركيبات الإضاءة الأصلية. وكانت مهمة إيريك الانتقال بجو السحر والمتعة الحالي إلى مستوى جديد. فالبار يشع بجو البذخ الهادئ، بفضل الجدران المكسوة بالقطيفة بنية اللون والركنة المريحة التي تم تنجيدها بالجلد البرونزي اللون. وفي الوقت نفسه، يسود المطعم جو المكتبة بسبب الكتب المصطفة على الجدران كما يتوافر فيه الجو الأمثل للحديث. وتبرز قدرة إيريك على حل المشكلات في إضافة النوافذ ذات المصاريع إلى هذا الجزء من المكان. في الحقيقة، لا يوجد وراء هذه النوافذ سوى فضاء داخلي مظلم، إلا أنه باستخدام الإضاءة الخلفية التي تبدو طبيعية، خلق إيريك انطباعًا بأنها تطل على منطقة خارج المبنى.

وفي الطابق العلوي في النادي الفخم الذي تدور فكرة تصميمه حول شخصية الرجل العنكبوت، تغطي القطيفة الأرجوانية اللون الجدران، ويتم تنجيد المقاعد في منطقة كبار الزوار بالجلد الذهبي الفاخر. ورغم ذلك، فإن ما يأخذ الأنظار حقًا هو عرض الإضاءة الذي يمتع الزوار الليليين. وعن الإضاءة، يقول إيريك: "على مدى السنين أحطت نفسي بفريق عمل ممتازـ أعتبره أسرتيـ وذلك أحد الأسباب وراء تمكننا من إنجاز نوعية الأشياء التي تمكنا من إنجازها هنا. فرغم أنني كنت أعرف بالضبط التأثير البصري الذي أريد نقله في عرض الإضاءة الذي يشبه شبكة العنكبوت في نادي ريكس الليلي، فإنني لم تكن لدي المهارات الفنية اللازمة لنقله. ومن ثم، حرصتُ على أن نعمل مع شخص يمتلك تلك المهاراتـ وكانت النتيجة عرض ضوء رائعًا كان حقًا حديث المدينة".

Бар и клуб «Rex» в Хилверсюме
Раньше в этом замечательном строении в стиле «ар деко» располагался кинотеатр. Теперь оно принадлежит к архитектурным памятникам. Нынешний владелец здания, успешный бизнесмен, пожелал создать в одном месте бар-ресторан и ночной клуб. В доме есть внушительная стальная лестница и оригинальная осветительная арматура. Задача Эрика заключалась в том, чтобы взять присутствовавшее здесь ощущение развлечений и гламура и вывести его на новый уровень. Стены бара из коричневого бархата и удобный угловой диван, обитый кожей цвета бронзы, источают скромное изобилие. У ресторана – библиотечная те-матика. Книги, выстроенные вдоль стен, создают подходящее настроение для общения. Здесь Эрик успешно продемонстриро-вал свою способность к решению задач: в этой части помещения между стеллажей он добавил «окна со ставнями». В действи-тельности за ними нет ничего, кроме темной пустоты внутренних стен, но мастер создал иллюзию того, что эти окна выходят на улицу, поместив за ставнями подсветку с естественным освещением.

Наверху расположился клуб, оформленный в тематике Спайдермена. Стены покрыты бархатом фиолетового оттенка, а кресло в VIP-зоне – роскошной кожей золотого цвета. Но больше всего восторга у ночных посетителей вызывает специальная иллюми-нация. Вот что Эрик говорит по этому поводу: «Многие годы со мной работает первоклассная команда, которую я считаю своей семьей. И именно поэтому у нас получается все то, что мы смогли здесь сделать. Я точно знал, как должно выглядеть паутино-образное освещение в клубе, но у меня не было технических навыков, чтобы воплотить мои идеи в жизнь. Поэтому я пригла-сил к себе работать человека, который это умеет. В результате у нас получилась феерическая светомузыка, а молва о ней идет по всему городу».

THAILAND 166
PRIVATE RESIDENCE

Er was visie nodig om juist op dit stuk land, met alleen maar rubberbomen, een huis te bouwen, maar de eigenaar realiseerde zich dat het een schitterend huis kon worden met een spectaculair uitzicht op zee.
Er lag al een eerste ontwerp toen Erik Kuster bij dit project werd betrokken. Ze pasten de al bestaande plannen aan en ontwierpen op de begane grond een grote woonkamer met salon, en beneden – vlakbij het zwembad – een aantal slaapkamers. In de woonkamer, met wengé houten vloer en hoge plafonds, draait alles om het schitterende uitzicht. Het speciaal voor dit huis op maat gemaakte meubilair werd verscheept vanuit Europa. De ruimte straalt een ingehouden luxe uit, met goudaccenten op de pilasters en metallic kussens, een typisch Eric Kuster accent. 'Samen met de klant hebben we gekozen voor een kleurenpalet van warme zandtonen met accenten van chocolade, zwart en crème, die de sfeer van de omgeving benadrukken', zegt Kuster.
Het huis, met het opvallende dak, heeft een aantal Thaise kenmerken, maar Eric Kuster en zijn klant wilden een kosmopolitisch vakantiehuis creëren. 'Een van de prettige bijkomstigheden van dit project is dat we een huis hebben ontworpen dat perfect in de omgeving past en geen kopie is van een bepaalde stijl. Het is gewoon een mooi vakantiehuis'.

منزل لقضاء الإجازات في تايلاند

إن إنشاء هذا المنزل يعبر إلى حد كبير عن رؤية أصحاب قطعة الأرض الواقعة في جزيرة بوكيت التي بني عليها المنزل. وعن هذا المنزل، يقول إيريك: "لا توجد في الأرض المقام عليها المنزل مناظر بديعة تسر الناظر باستثناء شجيرات المطاط، إلا أنه مع وجود البحر على كل جانب، أدرك صاحب الأرض أن وجود منزل هنا قد يكون مدهشًا، وسوف يطل دائمًا على مناظر خلابة".

ورغم استكمال التصميمات المبدئية أثناء سفر إيريك كوستر، فإن فريقه عمل على توسيع المخطط الداخلي للمنزل بحيث يوفر مساحة معيشة كبيرة وصالونًا في الطابق الأرضي وغرف نوم في الطوابق السفلية بالقرب من حمام السباحة. وقد تم تصميم غرفة المعيشة، المجهزة بأرضيات من الخشب الفينجي وأسقف عالية، للإضافة إلى بهاء وجمال المناظر الخلابة، مع انتشار قطع الأثاث المصممة بناءً على طلب صاحب المنزل في كل أجزاء المنزل والتي تم شحنها من أوروبا. والسمة المميزة للغرفة هي طابع الترف المقترن بالبساطة. انظر إلى الشريط الصغير الذهبي اللون الذي يعانق الأعمدة الموجودة في وسط المبنى والذي تتناغم معه الوسادات ذات اللون الميتاليك التي وقَّع عليها كوستر باسمه.

وعن اختيار الألوان، يقول كوستر: "عملنا مع العميل لاختيار مخططات ألوان في كل المنزل تبرز الطبيعة المحيطة به- استخدمنا درجات اللون الرملي الدافئة التي تتخللها الألوان الكاكاوي، والأسود، والكريمي".

ومما لا شك فيه أن المنزل، بسقفه ذي الشكل غير العادي، يتضمن عناصر التصميم التايلاندي، لكن إيريك كوستر وعميله كانا حريصيْن على إنشاء منزل إجازات ذي طابع عالمي. وعن هذا، يقول كوستر: "من بين الأشياء العديدة التي أدخلت الرضا في نفسي في هذا المشروع خلق مساحة تنسجم مع البيئة المحيطة بالمنزل، لكنها ليست مزيجًا من أي أساليب معمارية أخرى- إنه ببساطة منزل جميل لقضاء الإجازات ذو طابع عالمي".

Загородный дом в Тайланде
Судя по тому, что этот дом вообще появился в этом месте, у владельцев земельного участка на острове Пхукет замечательная дальновидность и способности к зрительному воображению. «Земля здесь была непривлекательной. Взглянуть было совершен-но не на что – вокруг одни каучуковые деревья. Но с обеих сторон открывался вид на море, и хозяин понял: если построить здесь дом, он будет великолепен, а вид из него – просто восхитителен».
Когда к проекту присоединился Эрик, исходное проектное решение уже было готово. Тем не менее, команда дизайнера при-ложила руку к работе по расширению планировки: на первом этаже было создано огромное жилое пространство и гостиная, а внизу, рядом с бассейном – спальни. При проектировании гостиной с высокими потолками дизайнер старался обеспечить мак-симум живописного обзора. Пол в этом помещении сделан из дерева венге, мебель для него, как и для всего дома, изготовле-на по заказу и привезена из Европы, и во всем пространстве комнаты витает ощущение приглушенной роскоши. Взять хотя бы отделку центральных пилястров золотой каймой, или диванные подушки с металлическим отливом, ставшие уже своеобразной «визитной карточкой» Кустера. «Вместе с клиентом мы выбрали цветовые гаммы во всем доме, подчеркивающие его природ-ность. Мы остановились на теплых тонах песочного цвета с акцентами шоколадного, черного и кремового цветов» – отмеча-ет Кустер.
Элементы тайского дизайна, несомненно, прослеживаются в необычной форме крыши здания, но Эрик вместе с хозяином стре-мился создать загородный дом в интернациональном стиле. «В этом проекте много моментов, которые меня радуют, – говорит дизайнер. – Один из них заключается в том, что нам удалось создать пространство, которое органично вписывается в окружение, и при этом не является компиляцией из каких-либо архитектурных стилей. Это просто красивый загородный дом-космополит».

MADE BY

© 2010 Uitgeverij Terra Lannoo B.V.

Postbus 614, 6800 AP Arnhem

info@terralannoo.nl

www.terralannoo.nl

Terra is part of the Lannoo Group Belgium

Photography

Paul Barbera

www.paulbarbera.com

Text

Anna Lambert

Russian and Arabic Translation

AVANTI Language Services, Amsterdam

www.avanti-nl.com

Dutch Translation

Gerda Wanders - Books, Rights & More, Amsterdam

Art Direction and Design

Guy Droog, Soigné Graphics

www.bysoigne.com

Project Coordination and Editing

Hélène Lesger – Books, Rights & More, Amsterdam

Printing and Binding

Printer Trento, Italië

ISBN 978-90-8989-244-7

NUR 454

Eric Kuster Metropolitan Luxury

Sparrenlaan 11, 1272 RN Huizen

Tel +3135 531 8773

info@erickuster.com

www.erickuster.com

Eric Kuster Metropolitan Luxury Ibiza

Avenida Ignacio Wallis, n° 29 Bajo 07800 Ibiza

Islas Baleares

Eric Kuster Metropolitan Luxury Antwerp

Mechelsesteenweg 30-32

2018 Antwerp

Designer

Eric Kuster

Architect

Pieter Laureys

Project Coordination for Eric Kuster

Belle de la Croix

Logistics

Fouad El Ouali

Decorator

Krijn Verboom, Bloemenatelier Krijn Verboom

www.bloemenatelier.com

SPECIAL THANKS TO

Our genuine appreciation goes out to all our clients who were willing to let us showcase their private homes and businesses. Without your willingness to cooporate, the creation of this book wouldn't have been possible.

Frank Willems, WillemsenU
www.willemsenu.nl

Bert Voss, Architectenbureau Voss
www.bertvoss.nl

Paul Verhey, Paul Verhey Architecten
www.verheyarchitecten.nl

Michael Durgaram
www.michaeldurgaram.com

Marcus Koppen (Intro Photo Project p.134)
Marcus Koppen Photography Amsterdam
www.marcuskoppen.com

Rodrigo Otazu (Photographer Portrait Eric Kuster p.17 & 182)
www.otazu.com

Parry Patel, Metro Sneakers
www.metro-sneakers.com

Ron Gallela, Black and White Photos
www.rongallela.com

John Breed, Various Art Works
www.johnbreed.nl